Plutarch | Arbeiten im Alter?

[Was bedeutet das alles?]

Plutarch

Arbeiten im Alter?

Denkanstöße aus der Antike

Aus dem Griechischen von Marion Giebel

Reclam

RECLAMS UNIVERSAL-BIBLIOTHEK Nr. 19633
2019 Philipp Reclam jun. Verlag GmbH,
Siemensstraße 32, 71254 Ditzingen
Gestaltung: Cornelia Feyll, Friedrich Forssman
Druck und Bindung: Kösel GmbH & Co. KG,
Am Buchweg 1, 87452 Altusried-Krugzell
Printed in Germany 2019
RECLAM, UNIVERSAL-BIBLIOTHEK und
RECLAMS UNIVERSAL-BIBLIOTHEK sind eingetragene Marken
der Philipp Reclam jun. GmbH & Co. KG, Stuttgart
ISBN 978-3-15-019633-5

Auch als E-Book erhältlich

www.reclam.de

Inhalt

Einleitung

Die Älteren werden gebraucht – und das tut ihnen selbst auch gut. Das ist die Botschaft des griechischen Schriftstellers und Philosophen Plutarch (um 46 v. Chr. – 125 n. Chr.). Er legt sie in einem Brief an einen älteren Freund ausführlich dar: Euphanes ist offenbar verunsichert, denn viele meinen, wie die Teilnehmer an Sportwettkämpfen, so müssten sich auch diejenigen, die ein Amt ausüben, ab einem bestimmten Alter zurückziehen. Plutarch widerspricht. Auch er ist ja schon älter, und er weiß: In einem langen Leben hat man einen Schatz an Wissen angesammelt, an Erfahrung im Umgang mit den Mitmenschen, an Umsicht und Voraussicht, an Handlungsfähigkeit auch in schwierigen Situationen. Und man muss nicht mehr überall der Erste sein, man hat ja genügend Ansehen erworben, so dass man gelassen auf die Erfolge anderer blicken kann, vor allem der Jüngeren. Diese zu fördern, zu beraten, anzuleiten zu einem gelingenden »Dialog der Generationen« sei eine der schönsten und befriedigendsten Aufgaben eines älteren Menschen.

Sich stattdessen aufs Altenteil zurückzuziehen, das wäre doch mit Blick auf die Gesellschaft eine maßlose Verschwendung von Ressourcen. Aber es hat auch eine negative Wirkung auf den Einzelnen. Denn wer nur hinterm Ofen sitzt und nicht mehr gefordert wird, der wird nicht nur körperlich schwach, es leiden auch der Geist, das Erinnerungsvermögen, die Willenskraft, und der Ältere wird schließlich zu einer traurigen Gestalt. Wer rastet, der rostet. Es gab doch bei den Griechen und Römern berühmte Persönlichkeiten, die noch im Alter Bedeutendes geleistet haben. Hier bringt Plutarch, wie er es gerne tut, anschauliche Beispiele, wie den Tragödiendichter Sophokles, den Feldherrn Epaminondas und den Römer Cato (s. zu diesen Personen jeweils das Verzeichnis auf S. 69 ff.).

Sein »Hauptheld« aber ist Homers Nestor, der im Alter noch, zusammen mit seinem ältesten Sohn, am Trojanischen Krieg teilnahm, als Krieger und vor allem als hochgeschätzter Ratgeber. Als solcher verkörpert er die Vorbildfigur der frühen Gesellschaften: Ein Alter verfügt über Weisheit und Erfahrung; er ist der Bewahrer der Tradition, ja er trägt sie aktiv weiter.

Wie alt stellte man sich den »greisen Nestor« vor? Als *géron,* Greis, wurde üblicherweise jemand ab sechzig Jahren bezeichnet. Dieser konnte dann Ämter in ständigen Gremien übernehmen, wie in der Gerusia in Sparta, da er, auch in Kriegszeiten, nicht mehr zum Wehrdienst einberufen wurde. Heutige Lebensalter-Schemata, die von einem Durchschnittsalter der antiken Bevölkerung von maximal dreißig Jahren oder gar noch weniger ausgehen, rechnen die in der Tat hohe Säuglings- und Kindersterblichkeit mit ein, wobei aber nicht bedacht wird, dass Griechenland und Rom niemals weite Teile der damaligen Welt beherrscht hätten, wenn ihnen die Männer, die zum Krieg oder zur Kolonisation ausgeschickt wurden, vorher schon weggestorben wären (und: wer hätte die Veteranensiedlungen gegründet?). Die Älteren aber, die in diesen Bereichen tätig gewesen waren, verkörperten ein Wissen, ein Know-how, das unverzichtbar war, und sie wurden entsprechend geschätzt.

Wurden sie dafür vom Gemeinwesen im Alter auch finanziell unterstützt? Im Allgemeinen lebte der Personenkreis, von dem wir heute ausreichende schriftliche Überlieferungen besitzen, von den Erträgen seines Landbesitzes, oder als Kaufleute und Händler in Griechenland etwa vom Export und Import von bzw. nach Athen oder von bzw. in die neugründeten Städte in Kleinasien und Italien (Neapolis!). Solche Einnahmequellen versiegten auch nicht, nachdem der Senior sich zurückgezogen hatte. Die Nachkommen oder tüchtige Kräfte aus der Klasse der Sklaven oder Freigelassenen sorgten dafür, dass Amphoren mit Wein weiter ausgeführt oder Weizen eingeführt wurde. Außerdem gab es in Griechenland eine gesetzlich festgeschriebene Unterhaltspflicht der Kinder gegenüber den Eltern, deren Einhaltung sehr ernst genommen wurde: Bei höheren Beamten wurde vor ihrem Amtsantritt untersucht, ob gegen sie auch keine Klagen wegen unterlassener Hilfe gegenüber den Eltern vorlagen – andernfalls könnte ihre Tätigkeit nicht vom Wohlwollen der Götter begleitet sein. Diese Alimentationspflicht war auch im römischen Recht genau festgelegt und findet sich noch detailliert im *Codex Iustinianus* (529 n. Chr.).

In Rom war die Wertschätzung der älteren Generation nicht zuletzt dokumentiert durch die Riten beim Begräbnis: die *pompa funebris,* die Prozession mit den Ahnenbildern, sowie die *laudatio funebris,* die öffentliche Leichenrede. Beides zeigte den Verstorbenen als ein Glied in der Kette seiner angesehenen Ahnen, dem die Jüngeren nacheifern mussten. Aus Griechenland kennen wir die anrührenden Grabdenkmäler, die männliche und weibliche Verstorbene in liebender Vereinigung mit ihrer Familie zeigen.

Plutarch hat also recht, wenn er die Älteren als einen bedeutenden Faktor im Gesellschaftssystem ansieht und ihnen einen wichtigen Tätigkeitsbereich zuweist. Die Tätigkeit, um die es ihm in diesem Text geht, nennt er *politiké,* den Dienst an der Polis, der Stadtgemeinde.[1] Die griechische Polis – wie wir sie vor allem aus Athen kennen und wie sie auch Plutarch im Blick hat – beruhte auf den drei Säulen Isonomie, der Gleichheit der Bürger vor dem Gesetz, Isotimie, dem gleichen Anrecht aller Bürger auf die öffentlichen Ämter und Ehrenstellen, die dementsprechend ausgelost wurden, und Isegorie, dem gleichen Rederecht aller Bürger in den Versammlungen. Die Polis besaß also eine eigenständige demokratische Organisation mit verschiedenen Institutionen, an denen alle Bürger mitwirken konnten, die in die Bürgerlisten eingetragen waren. Da die *póleis,* die Stadtstaaten, seit der Frühzeit öfters im Krieg miteinander lagen, war festgesetzt, dass nur freie männliche Bürger, die ihren Wehrdienst abgeleistet hatten (sie hatten dafür möglichst auch ihre Ausrüstung zu stellen), in diese Verzeichnisse eingetragen wurden. Um politische Einflussnahme von außen auszuschließen, mussten – in Athen – Vater und Mutter Athener sein. Jeder, der in die Bürgerliste seines Heimatortes eingetragen war, konnte Anträge einbringen, die in der Ratsversammlung, der *boulé,* dem Rat der 500 (Personen über dreißig Jahren), beraten und dann der versammelten Bürgerschaft in der Volksversammlung zur Abstimmung vorgelegt wurden. Auch im Gerichtswesen waren Bürger tätig; durch Los-

1 Daher der Titel: *Ob ein Älterer noch politisch tätig sein soll (Ei presbytéro politeutéon / An seni sit gerenda res publica).*

entscheid zu Geschworenen gewählt, hatten sie private und öffentliche Klagen zu verhandeln. Da die Amtszeit im Allgemeinen begrenzt war (oft ein Jahr), konnte eine hohe Zahl von Einwohnern ihr Bürgerrecht ausüben. Es wurden Aufwandsentschädigungen gezahlt, die sog. Diäten (allerdings in geringer Höhe), auch für die Teilnehmer an der Volksversammlung, damit auch Einwohner aus dem Umland ihr Tagwerk ruhen lassen und in die Stadt kommen konnten. In der Verwaltung der Stadt und des Umlandes, in Handel und Verkehr und in der Pflege der Beziehungen zu den Nachbarstaaten sowie im Kult gab es viele, oft kostspielige Aufgaben: die Leiturgien (daher »Liturgie«, der Dienst des Priesters), die von einzelnen Bürgern übernommen wurden, also Ehrenämter. Dazu gehörten auch die Theaterwettbewerbe, die jährlichen Aufführungen von Tragödien, Komödien und Chören sowie die Ausrichtung von Götterfesten.

Kern der politischen Aktivität war die Volksversammlung, die meist von 5000 bis 6000 Bürgern besucht wurde. Geleitet wurde sie von den Archonten, in Athen neun durchs Los jährlich gewählte Beamte; der oberste war der *árchon epónymos,* der dem Jahr seinen Namen gab (man sagte z. B.: Etwas geschah »im Jahr, als xy Archon war«). Die Archonten hatten auch den Vorsitz bei den kultischen Veranstaltungen, fungierten als Richter, kümmerten sich um das Kriegswesen wie auch um die Finanzen. Sie stellten Anträge von Bürgern in der Volksversammlung zur Abstimmung vor. Hier war ihre Redegabe gefragt, und zwar besonders die der Älteren, die die Anträge aus der Sicht des Machbaren und Wünschenswerten kommentierten und eventuelle Änderungen vorschlugen.

Ehemalige Archonten konnten in Athen Mitglieder im Areopag sein, dem altehrwürdigen Kollegium, das Gerichtsfälle behandelte, wobei es sich im Erb- und Familienrecht auch um die Ansprüche von Witwen und Waisen kümmerte. Außerdem hatte es die Amtsführung von Beamten nach Ablauf von deren Dienstzeit zu überprüfen.

Es gab also in den griechischen Stadtstaaten – sei es in Athen, Sparta oder Theben – viele Gremien, in denen man als Bürger tätig sein konnte. Plutarchs Freund Euphanes gehörte zum Rat des Areopag, hatte also vormals als Archon fungiert; er war somit lebenslang Mitglied in einem überregional organisierten Kollegium mit wichtigen Aufgaben. Plutarch hatte in Athen gelebt und an der platonischen Akademie studiert – der Philosophie Platons fühlte er sich zeitlebens verbunden; später wurde er zum Ehrenbürger ernannt. Er hielt sich längere Zeit in Rom auf, wo er gewissermaßen als »Kulturbotschafter« wirkte, indem er die enge Verbindung von Griechen und Römern auf kultureller Grundlage unterstützte, was auch der kaiserlichen Politik entsprach. Plutarch gewann sich Freunde am Kaiserhof, die ihm das römische Bürgerrecht verschafften und denen er einige seiner Werke widmete. Auch Kaiser Trajan war Adressat einer seiner Schriften.[2] Die Frucht dieser Tätigkeit waren seine Parallelbiographien, in denen er jeweils einen Griechen und einen Römer einander gegenüberstellte, wie Alexander und Caesar. Dann kehrte Plutarch in seine Heimatstadt Chaironeia in Böotien zurück: damit sie nicht

2 *Denksprüche von Königen und Feldherren.* Die Biographien sind Sosius Senecio gewidmet, dem philosophisch gebildeten Freund und Mitarbeiter Trajans, Konsul und Statthalter, der auch mit Plinius dem Jüngeren befreundet war.

noch kleiner werde – so sagte er auf die Frage, warum er aus Rom in eine so kleine Stadt zurückkäme (*Vita des Demosthenes* 2,2). Dort übernahm er Ämter in der Stadtverwaltung. Er wurde auch Oberpriester in Delphi und Vorsitzender des Bundes der zu Delphi gehörenden Städte.

In Chaironeia versammelte er in der Art einer Privatakademie Freunde und Schüler (auch Frauen) um sich und behandelte mit ihnen wissenschaftliche, vor allem philosophische Themen. Daraus entstand eine Sammlung von Schriften, später *Moralia* genannt, weil in einer grundlegenden Ausgabe die moralphilosophischen Texte an den Anfang gesetzt waren. Plutarch wählte häufig die Form eines Dialogs, oft mehrerer Personen. So konnte er, wie es seinem Wesen entsprach, undoktrinär mehrere Auffassungen zur Diskussion stellen. Es finden sich hier sehr unterschiedliche Themen, unter denen heute besonders diejenigen Interesse finden, die Plutarch als für seine Zeit modernen Autor zeigen, etwa mit seiner Haltung zu Frauen, zur Ehe, zu Kindern, zu Tieren.

Ansprechend ist auch seine mit Nachdruck vertretene Auffassung von der Verpflichtung des Menschen zum Handeln in der Gemeinschaft. Der Mensch ist ja, wie die bekannte Definition des Aristoteles lautet, ein *zoon politikón,* ein auf Gemeinschaft hin angelegtes Wesen, und diese Gemeinschaft funktioniert nur, wenn alle daran mitarbeiten. Dies ist keine lästige Pflicht, sondern ein Lebensinhalt. Plutarch greift die Definition des Aristoteles auf und schaltet sich gleichzeitig in die philosophische Debatte um die Voraussetzungen für ein glückliches Leben ein. Sein Credo lautet: »Das glückliche Leben ist ein Leben, das der Gemeinschaft verpflichtet, von Liebe und Freundschaft bestimmt, besonnen und gerecht ist.«[3] Er wendet sich gegen Epikur und dessen Spruch »Lebe im Verborgenen«, aber auch gegen diejenigen Stoiker, die kluge Schriften über die staatliche Gemeinschaft verfasst, aber selber keinen Finger gerührt haben. Es ist für ihn selbstverständlich, dass man diese Tätigkeit für die Gemeinschaft nicht einfach irgendwann ablegen kann, wie etwa ein militärisches Kommando. »Der Mensch – eben das zahme, gesellig und in einer Gemeinschaft lebende Geschöpf [wie bei Aristoteles] – ist in der ihm zugeteilten Zeit dazu bestimmt, für die bürgerliche Gemeinschaft, gemäß rechten Grundsätzen und für das Wohl der Menschheit zu leben.«[4] Der humane Anspruch verstärkt sich noch in den zu dieser Stelle zitierten Versen wie:

> Lasst uns niemals aufhören, den Menschen Gutes zu tun.

Doch benachteiligt man nicht die Jüngeren, die nachrücken wollen, wenn man sozusagen am Sessel klebt? Die Älteren müssen durchaus nicht, meint Plutarch, in *jedem* Gremium sitzen, alle Ämter übernehmen, die sie nur ergattern können – ihre Rolle ist die eines Elder Statesman, der sich nicht aufdrängt, aber hilft, wenn er gebraucht wird. Der Ältere hält sich über die politischen Entwicklungen auf dem Laufenden, und wenn er gefragt oder sogar geholt wird, dann ist er da. In einem Streitfall kann er seine auf Lebens- und Altersweisheit begründete Kunst ausspielen: Kritik üben,

3 *Gegen Kolotes* [einen Epikureer] 2,1108C.

4 *Ob ein Älterer noch tätig sein soll* 14,791C. *Politikós – philokálos, philanthrópos* (LCL, S. 120).

Änderungen vorschlagen, ohne Anstoß zu erregen. Offenbar war Plutarch selbst ein fähiger Mediator. Er beschreibt, wie man vorgehen muss, um, wie man heute sagt, ein konstruktives Feedback zu erreichen: Kritik niemals in großer Runde, am besten unter vier Augen; also niemals einen Lehrer vor seinen Schülern kritisieren. Und vorsichtig anfangen, damit der andere nicht gleich »zumacht«: »Du meinst doch sicher auch …« Wenn es sich um schwerwiegende Dinge handelt, den anderen nicht zerschmettert zurücklassen, sondern wie ein guter Arzt nach der Operation lindernde Mittel verabreichen, als taktvoller Kritiker in freundlichem Ton von dem Zurechtgewiesenen scheiden.[5]

Diese Kunst der Interaktion müsse man gegenüber Ranghöheren wie -niederen üben. Plutarch beherrschte sie auch in einem Bereich, der hier im Dialog über das Alter nicht ausdrücklich zur Sprache kommt, aber zur damaligen Lebenswirklichkeit gehörte. »Diese Ratschläge zum Mitwirken im Gemeindeleben schmecken sehr nach der guten alten Zeit, als Hellas noch frei und unabhängig war«, mochten manche seiner Zeitgenossen sagen. »Aber wir sind Untertanen der Römer, mögen sie uns auch die innere Selbstverwaltung gelassen haben, wofür sie sich als Philhellenen loben lassen, aber uns regiert der Prokonsul, der Statthalter, wie die anderen Provinzen im Reich auch.« Plutarch hat selbst in seinen *Politischen Lehren* die Linie vorgegeben: Wir sind Hellenen, Erben einer alten, auch von den Römern hochgeschätzten Kultur. Doch wir erfreuen uns auch der *pax Romana;* wir leben in ruhigen Verhältnissen, füh-

5 *Wie man den Schmeichler vom Freund unterscheidet* 37 (s. hier Kap. 23).

ren keine Kriege mehr, und an Freiheit genießen die Gemeinwesen so viel, wie ihnen die Gebieter zugestehen, und mehr wäre wohl auch nicht besser für sie. Plutarch, der Biograph so vieler Staatsmänner, dachte an die Schattenseiten der vielgepriesenen griechischen Freiheit. Themistokles, der Sieger von Salamis, wurde von seinen politischen Gegnern ins Exil getrieben, ja sogar zum Tod verurteilt. Er lebte (und starb) dann im Perserreich, das er bekämpft hatte und das ihm nun Zuflucht, ja Anerkennung bot. Den größten athenischen Staatsmann, Perikles, bewahrte nur der Tod vor einer Verurteilung. Und das glorreiche Athen zerfleischte sich im Bruderkrieg mit Sparta. So sollten wir, meint Plutarch, Frieden und Eintracht zu erhalten suchen und diese nicht durch innere Streitigkeiten stören.

Im Umgang mit den Oberen sollte man gewissermaßen politischen Takt wahren. Man muss nicht immer den Römern gegenüber die Schlacht von Marathon erwähnen und damit seine ruhmvolle Vergangenheit herausstreichen, doch auch nicht im Gegenteil alles und jedes der Obrigkeit vortragen, um sich lieb Kind zu machen oder Vorteile zu ergattern. Wenn man das Wohlwollen oder die Freundschaft eines Hochgestellten erlangt hat, sollte man dies zum Vorteil seines Gemeinwesens verwenden. Und es gibt auch heute noch genügend Spielraum in der städtischen Verwaltung, wo man sich hervortun kann, indem man Verbesserungen anstrebt, Missbrauch abschafft, einen Prozess zugunsten eines Schwächeren führt oder auch mutig gegen Fehlurteile eines Statthalters auftritt, einen ordnungsgemäß handelnden aber unterstützt. Letzteres erschien Plutarch sehr wichtig. Er hat mehrfach ausgeführt, es sei geradezu die Aufgabe eines Mannes mit ethischen

Grundsätzen, der sich der politischen wie der menschlichen Gemeinschaft verpflichtet fühlt, einem Regenten als Ratgeber zu dienen.

> Es gilt einem Höheren zu huldigen, einen Geringeren auszuzeichnen, einen Gleichen zu ehren, alle aber mit Liebe und Freundschaft zu umfassen.[6]

Diese Haltung der *philanthropía* gewann Plutarch schon in seinem Vaterhaus. »Ich erinnere mich«, erzählt er, »wie ich in jüngeren Jahren zusammen mit einem anderen als Gesandter an den Prokonsul geschickt worden war. Und weil der andere aus irgendeinem Grund zurückbleiben musste, traf ich allein den Prokonsul und erledigte meinen Auftrag. Als ich nun nach meiner Rückkehr Bericht erstatten sollte, nahm mich mein Vater beiseite und riet mir Folgendes: »Sage nicht: ich reiste, sondern wir reisten, ich sprach – wir sprachen, und bringe so deinen Bericht in gemeinschaftlicher Form vor. Das wirkt nicht nur anständig und menschlich ansprechend, sondern nimmt bei jedem Erfolg auch dem Neid den Stachel.«[7]

Die Tugenden gegenseitigen Respekts, der Anerkennung und Einsatzfreude für die Gemeinschaft, wie sie Plutarch beschreibt, sind nicht auf eine antike Polis beschränkt, auch nicht unbedingt auf ein politisches Amt, obwohl sie dort sehr wünschenswert wären. Um im Sinne Plutarchs gut und recht zu handeln zum Wohl seiner Mitmenschen,

6 *Politische Lehren* 20,816B. Die Schrift hat Plutarch für einen jungen Mann verfasst, der sich in der Politik betätigen wollte und keinen Lehrmeister zur Verfügung hatte. Vgl. dort auch 32,824C–D.

7 *Politische Lehren* 20,816D–E.

bieten sich auch für den heutigen Zeitgenossen reiche Betätigungsfelder. Gerade die Älteren werden hier aktiv sein können, dabei Freude und Bestätigung finden und auch für sich selbst noch profitieren, so wie es der Weise Solon formulierte:

> Älter werde ich zwar, doch ich lerne stets noch vieles dazu.

Vielleicht sollten die heutigen Senioren, wie man es vorgeschlagen hat,[8] ihren Ruhestand mit einem sozialen Jahr beginnen, um zu sehen, wo ihre Interessen und Stärken liegen, und sich dann entsprechend einzubringen.

Es stärkt nicht nur das Selbstgefühl, es macht glücklich, ja es fördert sogar die Gesundheit, gebraucht zu werden, Anerkennung zu finden und seine Erfahrungen weiterzugeben. So lauten, ganz im Einklang mit Plutarch, die neuesten Erkenntnisse der Altersforscher, die diese Lebensstufe durchaus positiv bewerten.

Marion Giebel

8 So Richard David Precht in einem Interview mit der *Süddeutschen Zeitung* 2018. Vgl. auch Eckart von Hirschhausen, *Die bessere Hälfte,* Reinbek 2018.

Plutarch: Ob ein Älterer noch tätig sein soll

1. Du bist ja, wie wir wohl wissen, mein lieber Euphanes, ein großer Liebhaber des Dichters Pindar und führst gern schöne und treffende Aussprüche von ihm im Munde, wie

> Ist der Wettkampf erst begonnen, wirft jede Ausflucht auch
> bewiesene Tapferkeit hinab in tiefe Finsternis.[1]

Nun bringen ja diejenigen, die es ablehnen, sich im Alter noch zu betätigen, so viele Ausflüchte und schwächliche Vorwände und als letzten Trumpf den Hinweis auf das Alter. Damit wollen sie uns in unserer Ehrliebe und Tatkraft matt setzen und uns glauben machen, es gäbe nicht nur für die sportlichen Wettkämpfe einen angemessenen Endpunkt, sondern auch für eine öffentliche Tätigkeit.

Daher halte ich es für meine Plicht, meine Gedanken und Überlegungen zur Tätigkeit im Alter auch dir mitzuteilen. Es soll ja keiner von uns beiden den langen bisher gemeinsam begangenen Weg verlassen und unser tätiges Leben, das uns von jungen Jahren an lieb und vertraut ist verwerfen und ein anderes wählen, das uns ungewohnt ist und mit dem vertraut zu werden unsere Lebenszeit nicht mehr ausreicht. Wir wollen vielmehr bei der von Anfang an gewählten Laufbahn bleiben, als wir uns als Ziel und Zweck unseres Daseins ein ehrenhaftes Leben erwählt haben. Sonst müssten wir uns ja in der kurzen Zeit, die uns noch bleibt, eingestehen, dass wir die lange Zeit unseres Seins unnütz und zu keinem guten Zweck und Ziel verbracht haben.

Nicht die Tyrannis ist, wie jemand zu Dionysios sagte, ein schönes Sterbekleid – im Gegenteil: In seinem Fall war die Herrschaft mit ihrer dauernden Ungerechtigkeit ein nur umso größeres Unheil. Und treffend war die Bemerkung des Diogenes, als er später in Korinth den Sohn des Dionysios sah, nicht mehr als Tyrannen, sondern als Privatmann: »Du verdienst dein Schicksal ganz und gar nicht, Dionysios, dass du hier mit uns in Freiheit und ohne Furcht lebst – eingemauert dort drüben [in Syrakus] in der Tyrannenburg[2] solltest du wie dein Vater dein Leben bis in deine alten Tage zubringen.« Eine Tätigkeit nach Recht und Gesetz, ausgeübt von jemandem, der gewohnt ist, zum Nutzen der Gemeinschaft beherrscht zu werden wie auch zu herrschen – dafür erhält dieser im Tod das Zeugnis eines wahrhaft rühmlichen Lebens, als ein wahrhaft schönes Sterbekleid. Das ist es, was nach dem Ausspruch des Simonides »als letztes unter die Erde geht«.

Das gilt freilich nicht für diejenigen, bei denen die Menschenliebe und der Eifer für das Gute schon vor den natürlichen Bedürfnissen erstirbt: als ob die aktiven und göttlichen Kräfte der Seele eher verlöschen würden als die körperlichen, dem Affekt unterworfenen. Das kann man doch wirklich nicht sagen, und man kann es auch nicht billigen, wenn behauptet wird,[3] der Mensch werde nur beim Gelderwerb niemals müde. Thukydides sagt [2,44,4]: »Denn das Ehrgefühl allein altert nicht [und im unnützen Greisenalter ist nicht das Geld, wie manche sagen, der letzte Genuss, sondern die Ehre].« Ja sogar diesen Ausspruch muss man noch verbessern und überzeugt sein, dass nicht nur die Ehrliebe niemals altert – das gilt noch mehr für den Einsatz für die Gemeinschaft und das Staatswesen. Das bleibt ja sogar bei Ameisen und Bienen bis an ihr Ende lebendig. Es hat doch noch niemand eine Arbeitsbiene gesehen, die wegen ihres Alters zur Drohne wurde – wie manche Leute denjenigen, die die Lebensmitte überschritten haben, zumuten wollen, zu Hause zu sitzen und sich füttern zu lassen und dabei zuzusehen, wie ihre bewährte Tatkraft vom Müßiggang verzehrt wird, wie das Eisen vom Rost. Cato sagte ja, das Alter habe schon an seinen eigenen Übeln genug; man solle ihm nicht freiwillig noch eine Schädigung des guten Rufs aufbürden.[4] Von all den vielen Übeln bringt aber nichts so viel Unehre für einen Älteren wie untätiges, energieloses und faules Herumsitzen, wenn er sich aus seiner verantwortungsvollen Tätigkeit zurückzieht ins Hauswesen, die Domäne der Frauen, oder aufs Land, wo er die Ährenleserinnen und die Schnitter beaufsichtigt.[5]

Doch es ist auch umgekehrt nicht richtig: Man stelle sich Folgendes vor: Jemand will sich erst im Alter mit einer verantwortungsvollen Tätigkeit befassen, mit etwas, das er nie zuvor getan hat. Und nach einer so langen Zeit in Ruhe, die ihm geradezu zur zweiten Natur geworden ist, stürzt er sich nun in ein Berufsleben mit Kämpfen und voller Betriebsamkeit, unerfahren und ungeübt wie er ist, ohne Kenntnis von Menschen und öffentlichen Geschäften – das gäbe wohl einem Tadler Gelegenheit, ein Wort der Pythia zu zitieren [gesprochen, als ein Alter um Kindersegen bat]: »Zu spät kommst du!« – um ein Amt, eine öffentliche Stellung zu suchen, und du klopfst zur Unzeit an die Tür des Rathauses, und wie einer ohne Manieren, der erst mitten in der Nacht zu einem Fest kommt, oder ein Fremder, der kommt, nicht um Ort oder Heimat zu wechseln, sondern seine Lebensweise mit einer anderen zu vertauschen, die er gar nicht erprobt hat. Der Ausspruch des Simonides »Das Amt lehrt den Mann« gilt nur für diejenigen, die noch Zeit vor sich haben, um umzulernen und sich in ein neues Arbeitsgebiet einzuarbeiten. Und das kann man mit viel Kampf und Mühen kaum erreichen, selbst wenn man zeitig genug damit beginnt und dazu eine kräftige Natur hat, mit der man Anstrengungen und auch Misserfolge noch leicht hinnehmen kann. Dies lässt sich wohl mit einigem Recht sagen gegenüber einem, der erst im Alter mit einer verantwortungsvollen Tätigkeit beginnen will.

2. Auf der anderen Seite sehen wir aber, dass durchaus verständige Personen Jugendliche und junge Männer von öffentlicher Tätigkeit fernhalten wollen. Und auch die Gesetze sind ein Beweis dafür, wenn nämlich in den Volksversammlungen durch den Herold nicht Jüngere aufgefordert werden, um zu reden und zu raten, wie ein Alkibiades oder Pytheas, sondern solche über fünfzig Jahre. Dabei mangelt es den anderen ja durchaus nicht an Wagemut, aber es ist wie im militärischen Kampf auch: Es fehlt ihnen an der Übung, um den Sieg über ihre Gegner davonzutragen.

Als Cato, mehr als achtzig Jahre alt, sich vor Gericht verteidigen musste, sagte er, es sei schwierig, seine Sache vor einer anderen Generation zu verfechten als vor der, mit der man gelebt habe. Was aber Caesar betrifft, ihn, der den Marcus Antonius besiegt hat [gemeint ist Augustus], so stimmen alle darin überein, sein politisches Handeln habe am Ende seines Lebens viel mehr der Würde eines Herrschers und dem Nutzen der Bevölkerung entsprochen. Er selbst aber sagte zu jungen Männern, die sich auflehnten, als er sie durch strenge Sitten und Gesetze zur Vernunft bringen wollte: »Hört, ihr Jungen, auf einen Alten, auf den die Alten hörten, als er jung war!« Die Staatsverwaltung des Perikles hatte die größte Wirkung in seinem Alter, in der

Zeit, als er die Athener überredete, in den Krieg einzutreten.[6] Und als sie zur Unzeit begierig waren, gegen 60 000 Schwerbewaffnete zu kämpfen, da widersetzte er sich und verhinderte es, indem er die Waffen der Bürger und die Schlüssel der Stadttore sozusagen unter Verschluss hielt. Und was Xenophon über Agesilaos schrieb, das verdient es, mit seinen eigenen Worten wiedergegeben zu werden [*Agesilaos* 11,15]: »Wo war eine Jugend, der sich sein Alter nicht überlegen zeigte? Wer war in der Blüte seiner Jahre für die Feinde so schrecklich wie Agesilaos noch in seiner letzten Lebenszeit? Und worüber freuten sich die Feinde mehr, als dass *er* nicht mehr da war, und dabei starb er in hohem Alter? Wer flößte den Bundesgenossen mehr Mut ein als Agesilaos, obgleich er damals schon am Ende seines Lebens war? Und haben seine Freunde irgendeinen jungen Mann mehr vermisst als Agesilaos, der in hohem Alter war, als er starb?«

3. Diese Männer [Perikles und Agesilaos] haben sich also von ihren reifen Jahren nicht abhalten lassen, solch große Taten zu vollbringen. Und was ist mit uns, die wir heutzutage in aller Bequemlichkeit unsere Ämter ausüben, ohne Tyrannenherrschaft, ohne Krieg oder Belagerung[7] – wir sollten uns feige zurückziehen vor Kämpfen ganz ohne Blutvergießen und Rivalitäten, die sich großenteils durch Recht und Gesetz entscheiden lassen? Damit geben wir ja zu, dass wir nicht nur weniger tüchtig sind als die Feldherren und Volksführer damals, ja sogar als die Dichter, die Gelehrten und die Theaterleute. Es hat ja Simonides noch in seinen alten Tagen mit seinen Chören einen ersten Preis errungen, wie es aus den Schlussversen eines dazu verfassten Epigramms hervorgeht:

Für seine Choraufführung gewann Simonides
großen Ruhm,
der Sohn des Leoprepes, noch im achtzigsten Jahr.

Von Sophokles aber wird Folgendes berichtet: Er musste sich gegen eine Anklage seiner Söhne verteidigen, die ihn wegen Geistesschwäche angeklagt hatten.[8] Da trug er aus seiner Tragödie *Ödipus auf Kolonos* das Auftrittslied des Chores vor, das beginnt [Verse 668–673]:

Im rossprangenden Land, o Fremdling,
Gelangtest du hier zum schönsten Obdach,
Dem glanzhellen Kolonos:
Wo die helltönende Nachtigall
Ihr süßjammerndes Lied erklingen lässt
Im grünenden Hain.

Der Vortrag dieses Liedes weckte solche Bewunderung, dass Sophokles aus der Gerichtshalle wie aus dem Theater nach Hause geleitet wurde, unter Beifall und Zurufen der Anwesenden.

Und dieses kleine Epigramm hier stammt nach einhelliger Meinung von Sophokles:

Dieses Lied für Herodot dichtete Sophokles, fünfzig und fünf Jahre alt.

Die beiden Komödiendichter Philemon und Alexis ergriff der Tod, als sie gerade auf der Bühne standen. Sie konkurrierten um den Siegespreis und wurden beide bekränzt. Und der Tragödienschauspieler Polos ist, wie berichtet wird, noch mit siebzig Jahren in vier Tagen in acht Tragödien aufgetreten.[9]

4. Wäre es nun nicht eine Schande, wenn sich die älteren Männer von der Rednerbühne als weniger tüchtig zeigten als die von der Schauspielbühne! Und wenn sie unter Verzicht auf die wahrhaft heiligen Wettkämpfe ihre Rolle in der Öffentlichkeit aufgäben, um dafür ich weiß nicht was für eine zu ergreifen! Von einer königlichen Stellung zur Landwirtschaft überzugehen ist sicher erniedrigend. Da hat doch Demosthenes ganz recht gehabt, wenn er sagte, es sei unwürdig, dass das geheiligte Staatsschiff Paralos nun Holz, Pfähle und Vieh für so einen wie Meidias transportieren müsse. Und wie ist es denn dann mit jemandem, der eine Rolle in der Öffentlichkeit spielte, der [wie Plutarch] Kampfrichter bei den Spielen und Wettkämpfen war, Leiter der Bundesversammlung der Böotier, Vorsitzender im Staatenbund der Amphiktyonen – wenn man den nun sieht, wie er sich mit dem Abmessen von Korn und Oliven und dem Abwiegen der Schafwolle abgibt! Wird er sich nicht allem Anschein nach selbst in die Rolle des altgewordenen Pferdes begeben,[10] aber ohne dass ihn jemand dazu gedrängt hat? Oder wenn einer gar nach einer öffentlichen Tätigkeit ein gemeines Handwerk oder ein Handelsgeschäft übernimmt – das ist doch nicht anders, als wenn man einer freien und edlen Frau ihr Gewand ausziehen, eine Küchenschürze anziehen und sie als Kellnerin anstellen würde. Denn auch die öffentliche Tätigkeit verliert ihre Würde und hohe Wertschätzung, wenn man sich nur noch mit Hauswirtschaft und Gelderwerb abgibt. Will man nun aber – dieser Punkt ist noch übrig – dass jemand, der im Gemeinwesen tätig war, nun in Bequemlichkeit und Luxus –

was man Ruhe und Erholung nennt – verdämmern und sein Alter hinbringen solle, – dann weiß ich nicht, welches von zwei wenig respektvollen Schilderungen besser auf dessen Leben passt. Da gibt es das von den Seeleuten, die ihr Schiff nicht in den Hafen gebracht, sondern es noch unter Segel verlassen haben und die ganze Zeit Venusfeste feiern.[11] Oder das von Herakles, wie ihn einige Maler darstellen – was spaßhaft gemeint sein mag, aber wie eine Verunglimpfung wirkt – im Palast der Omphale, wie er sich in einem safranfarbenen Gewand ihren Zofen überlässt, die ihm Luft zufächeln und Locken drehen. Sollen wir so etwa auch dem Staatsmann das Löwenfell ausziehen, ihm seinen Platz an der Tafel reservieren, zum Klang von Zithern und Flöten? Dann müssten uns doch die Worte abschrecken, die Pompeius Magnus gegenüber Lucullus geäußert hat. Lucullus gab sich ja nach seiner militärischen Laufbahn und seinen Staatsämtern mit Bädern ab, mit Gastmählern, Gesellschaften den lieben langen Tag, allerlei müßigem Zeitvertreib und der Errichtung neuartiger Luxusbauten.[12] Als Lucullus nun dem Pompeius seine Ehr- und Ruhmesliebe zum Vorwurf machte, die über seine jungen Jahre hinausgehe, da antwortete dieser: »Für einen älteren Mann ist ein Luxusleben noch unzeitiger als das Herrschen für einen jungen.«

Als Pompeius einmal krank war und der Arzt ihm verordnete, einen Krammetsvogel zu essen, der nicht leicht zu bekommen war, und besonders zu dieser Jahreszeit, da sagte einer, Lucullus halte viele solcher Vögel. Pompeius aber schickte nicht hin und nahm keinen an, er sagte vielmehr: »Wie? Pompeius könnte nicht leben, wenn Lucullus nicht im Luxus schwelgte?«

5. Wenn die Natur auch im Allgemeinen nach Lust und Freude verlangt, so kann der Körper im Alter doch auf die gängigen Vergnügungen verzichten, wenige notwendige Bedürfnisse ausgenommen. Das gilt nicht nur für Aphrodite, die sich sträubt gegenüber den Älteren. Auch die Lust auf Essen und Trinken ist bei ihnen großenteils abgestumpft und zahnlos, so dass sie ihren Appetit kaum mehr wetzen und schärfen können.[13] Sie müssen sich also geistige Freuden schaffen, aber keine unedlen und gemeinen wie Simonides. Als man ihm seine Geldgier vorwarf, sagte er, das Alter habe ihm alle anderen Genüsse geraubt, und das Einzige, was ihm im Alter noch Freude mache, sei eben der Gelderwerb.[14]

Doch die öffentliche Tätigkeit ist es, welche die schönsten und größten Freuden bereithält,[15] denen sogar die Götter, wie wir annehmen können, einzig oder doch am meisten ihr Wohlwollen schenken. Es sind die Genüsse, die daraus entstehen, dass man das Rechte tut und ehrenvoll handelt.[16]

Der Maler Nikias hatte eine solche Freude an den Werken seiner Kunst, dass er öfter seine Dienerschaft fragen musste, ob er gebadet und gefrühstückt habe. Den Archimedes mussten seine Diener, wenn er an seinem Zeichenbrett saß, mit Gewalt fortziehen, auskleiden und einölen, und da zeichnete er Figuren auf seinen gesalbten Körper. Der Flötenspieler Kanos, den du auch kennst, sagte, die Leute wüssten ja gar nicht, wieviel mehr Vergnügen sein Spiel ihm selbst mache als den anderen. Sonst würden seine Zuhörer Honorar von ihm verlangen, statt es ihm zu zahlen. Sollten wir da nicht einsehen, was für große Freuden das sind, die von den Tugenden für diejenigen bereitgehalten werden, die sie üben, nämlich ehrenhaftes Handeln, Wirken für die Allgemeinheit und menschenfreundliche Gesinnung.

Es gibt dabei freilich keinen Kitzel oder ein weichliches Wohlgefühl wie bei Gaumen- oder Sinnesfreuden des Körpers. Die verursachen ja einen Reiz, der in Erregung versetzt, aber schnell wieder verfliegt. Die Lust an edlen Taten, wie sie sich derjenige schafft, der auf rechte Weise dem Gemeinwesen dient – sie hebt die Seele nicht auf den goldenen Flügeln des Euripides, sondern auf jenen himmlischen Schwingen Platons zu einem höheren, mit Freude erfüllten Bewusstsein empor.[17]

6. Erinnere dich nur an das, was du schon oft gehört hast. Epaminondas antwortete auf die Frage, was ihm in seinem Leben die größte Freude gemacht habe: »Dass ich noch zu Lebzeiten von Vater und Mutter die Schlacht von Leuktra gewonnen habe.« Als Sulla, nachdem er Italien von den Bürgerkriegen befreit hatte, zum ersten Mal in Rom eingezogen war, konnte er in der Nacht kein Auge zutun; seine Seele war von so großer Freude und von Jubel wie von einem Sturmwind in die Höhe getragen. Er hat dies auch selbst in seinen Memoiren vermerkt. Mag Xenophon immerhin Recht haben, wenn er sagt, dass nichts so angenehm im Ohr klingt, wie wenn man sein eigenes Lob hört. Von allem aber, was man sich vor Augen stellen kann, ob im Erinnern oder Nachdenken über alles, was war, da gibt es doch nichts, was uns so große Freude machen kann, als wenn man sich die eigenen Leistungen in Ämtern und in der Staatsverwaltung noch einmal vorführt, sozusagen auf einer glanzvollen Bühne im Licht der Öffentlichkeit. Und dazu noch die Äußerungen von Dank und Wohlwollen,

die Zeugnis geben von solchen Taten, der wetteifernde Beifall, als eine wohlverdiente Sympathiekundgebung – das alles stellt denjenigen, der sich an der Tugend freuen darf, in ein glänzendes Licht.

Darum darf man doch auch seinen Ruhm und sein Ansehen nicht wie einen Siegeskranz von den sportlichen Wettkämpfen welk werden lassen, sondern muss ihm immer wieder eine neue und frische Farbe hinzufügen, um den alten Glanz aufzupolieren und ihn dauernd und beständig zu erhalten. So machten es ja auch die Handwerker, die sich darum zu kümmern hatten, dass das Delische Staatsschiff [Paralos] heil und unversehrt erhalten blieb. Statt der schadhaft gewordenen Holzteile setzten sie neue ein und fügten sie so zusammen, dass es so aussah, als würden sie das Schiff seit alters her im gleichen und beständigen, unzerstörbaren Zustand erhalten.

Ein ruhmvolles Ansehen zu erhalten ist nicht so schwierig; wie bei einer Flamme braucht es nur etwas Brennstoff. Ist es aber erloschen und erkaltet, dann kann man beides ohne Mühe kaum wieder zum Brennen bringen. Lampis, der Eigentümer einer Handelsflotte, hat auf die Frage, wie er seinen Reichtum erworben habe, geantwortet: »den großen nicht schwer, den kleinen zu Anfang aber mühselig und langsam.« So sind auch Ansehen und Einfluss im öffentlichen Leben am Anfang nicht leicht zu gewinnen, haben sie aber erst einmal ein bestimmtes Maß erreicht, so lassen sie sich mehren und erhalten, wenn man nur im täglichen Umgang präsent bleibt. Hat man nämlich einmal jemanden zum Freund gewonnen, da wird der doch auch nicht dauernd große Dienste fordern, damit er ein Freund bleibt; auch durch kleine Aufmerksamkeitsbeweise lässt sich eine beständige Zuneigung erhalten. So verlangt auch die Freundschaft und das Vertrauen beim Volk nicht, dass man ständig die Kosten für Theateraufführungen übernimmt, oder einen Rechtsfall, oder ein Amt. Es genügt, wenn man seine stete Bereitschaft zeigt und sich der Sorge und Aufmerksamkeit für die Belange der Mitbürger nicht vorzeitig entzieht oder müde wird, sich darum zu kümmern. Auch die Feldzüge bestehen ja nicht nur aus Gefechten, Schlachten und Belagerungen, sondern erlauben dazwischen auch einmal, dass man zusammenkommt und feiert und reichlich Muße hat für Spiele und allerlei Zeitvertreib. Und warum sollte man sich da vor den öffentlichen Ämtern fürchten, als ob es eine gnadenlose, mühselige und beschwerliche Betätigung sei? Es gibt dabei doch auch Theater, festliche Umzüge, Bankette, Chöre und Musenfeste und ständig Feiern zu Ehren eines Gottes. Da erheitert sich auch die sorgenvolle Stirn aller im Rathaus und Sitzungssaal Tätigen, und sie werden für ihre Mühe reichlich entschädigt durch Freude und Vergnügen.

7. Was man aber bei einer Betätigung im öffentlichen Leben als das größte Übel empfindet, nämlich den Neid – damit hat das Alter doch am wenigsten zu kämpfen. Hunde bellen ja jeden an, den sie nicht kennen, sagt man, und so kämpft der Neid sozusagen am Eingang zur Rednerbühne und will einem Neuling den Zutritt verwehren. Bekanntem und vertrautem Ansehen gegenüber reagiert er nicht mit Ärger und Widerwillen, sondern gibt sich freundlich. Daher vergleichen manche den Neid mit dem Rauch: Gegen die Neulinge bringt die aufsteigende Flamme viel Qualm hervor; brennen sie aber erst einmal stetig, dann verschwin-

det der Rauch. Andere Vorzüge eines Höheren macht man gern zum Streitpunkt oder zieht sie in Zweifel, wie Charakterfestigkeit, vornehme Abkunft und Ehrbegierde – so als ob man sich selbst um das bringen würde, was man anderen zugesteht. Doch der Vorzug der Jahre, den man zu Recht *presbeîon* nennt, die Würde des hohen Alters, erregt keinen Neid und wird freimütig zugestanden. Keine andere Ehrenbezeugung macht ja dem, der sie erweist, noch mehr Ehre als dem, der sie empfängt, als die dem Alter gegenüber.[18] Außerdem kann sich nicht jeder versprechen, dass sein Ansehen, das er aufgrund seines Reichtums, seiner Redegabe oder seiner Klugheit genießt, ihm auch für die Zukunft treu bleiben wird. Doch an der Verehrung und Achtung, die das Alter genießt, wird niemand zweifeln, der im öffentlichen Leben tätig ist. Man stelle sich nun jemanden vor, der lange Zeit gebraucht hat, um sich gegen den Ansturm des Neides durchzusetzen, dann aber, wenn dieser abgeflaut ist, sich aus dem öffentlichen Leben zurückzieht und zugleich mit den damit verbundenen Tätigkeiten auch alle seine Verbindungen und Freundschaften aufgibt. Der unterscheidet sich doch nicht von einem Steuermann, der unter Gefahren im Kampf gegen Wogen und Sturm das Schiff gesteuert hat und es dann bei heiterem Himmel und sanften Winden in den Hafen bringen will, damit es dort vor Anker bleibt. Je länger jemand tätig gewesen ist, desto mehr Freunde und Mitstreiter hat er ja gewonnen, und die kann er nicht alle mit sich nehmen wie der Chorleiter seinen Chor; es ist aber doch auch nicht recht, sie im Stich zu lassen. Mit einer solchen langjährigen Tätigkeit ist es wie mit alten Bäumen: Man kann sie nicht leicht verpflanzen, denn sie haben viele Wurzeln und sind verflochten in eine Menge von Unternehmungen, die einem, der geht, mehr Unruhe und Sorge bereiten als denen, die bleiben. Falls aber doch noch etwas schwelt vom früheren Neid oder von der Eifersucht den Älteren gegenüber, aus der Zeit ihrer Rivalitäten, da sollte man dies eher durch ein entschlossenes Auftreten ersticken, als den Rücken zu wenden und wehr- und waffenlos abzutreten. Wer seinen Platz behauptet, der bekommt nicht so sehr den Neid zu spüren wie einer, der aufgegeben hat, die Verachtung.

8. Das bestätigt auch ein Ausspruch des großen Epaminondas: Als die Arkader seine Thebaner im Winter einluden, in die Stadt zu kommen und sich in ihren Häusern einzuquartieren, ließ er es nicht zu, sondern sagte: »Jetzt bewundern sie euch und schauen respektvoll zu bei euren Waffenübungen und euren Ringkämpfen. Wenn sie euch aber am Feuer sitzen und euren Bohnenbrei herunterschlucken sehen, dann werden sie meinen, ihr wäret auch nicht besser als sie.« So ist auch ein Älterer, der aktiv ist in Wort und Tat und dadurch Respekt genießt, ein ehrwürdiger Anblick. Einen aber, der den Tag im Bett verbringt oder in einem Winkel der Halle sitzt, allerlei daherschwätzt und sich die Nase schnäuzt, den kann man zu Recht verachten. So lehrt es gewiss auch Homer, wenn man ihn richtig versteht. Denn Nestor, der in den Krieg nach Troja zog, war geehrt und hochgeachtet. Peleus aber und Laertes, die daheim sitzen blieben, wurden beiseite geschoben und verachtet.

Die Denkkraft bleibt nämlich nicht gleichermaßen erhalten bei denen, die sich gehen lassen; durch Untätigkeit lässt sie vielmehr nach und geht allmählich verloren.[19] Sie fordert ein ständiges geistiges Training, das die Fähigkeit zu denken und zu handeln klar und ungetrübt wach erhält. Sie glänzt, wenn sie in Gebrauch ist, wie schön poliertes Erz, wie der Dichter sagt.

Diejenigen, die in vorgerücktem Alter noch aktiv sind, sei es auf der Rednerbühne oder im Gerichtssaal, haben zwar einen Nachteil in ihrer körperlichen Schwäche, dieser wird jedoch ausgeglichen durch den Vorteil ihrer Voraussicht und Besonnenheit. Und sie stürzen sich nicht mitunter in irgendwelche Unternehmungen, entweder infolge von falscher Einschätzung der Lage oder aus eitler Ruhmsucht, und reißen das Volk mit sich fort, wie ein vom Sturm aufgewühltes Meer. Sie gehen vielmehr mit ruhiger Gelassenheit mit allem um, was ansteht. Das ist auch der Grund, warum Staaten in Krisensituationen wünschen, dass ältere Männer die Führung des Staates übernehmen. Oft haben sie ja einen älteren Mann von seinem Feld geholt,[20] ihn wider seinen Wunsch und Willen gezwungen, das Steuerruder zu ergreifen und die Ordnung und Sicherheit wiederherzustellen. Dabei haben sie Generäle und Volksvertreter beiseite geschoben, die laut schreien und langatmige Reden halten, und wahrhaftig sogar auch solche, die festen Fußes gegen die Feinde kämpfen können. So wollten die Politiker in Athen an die Stelle des Timotheos und Iphikrates den Chares setzen, den Sohn des Theochares, einen Mann in den besten Jahren, in voller Körperkraft. Solch einer müsse der Feldherr der Athener sein, erklärten sie. Timotheos aber antwortete: »Nein, bei den Göttern, so muss der sein, der dem Feldherrn sein Bettzeug nachträgt. Der Feldherr aber muss einer sein, der zugleich überblickt, was vor und was hinter ihm vorgeht[21] und darf sich von nichts, was geschieht, stören und davon abbringen lassen von dem, was er als richtig erkannt hat.«

Sophokles sagt zwar, er sei froh, nun im Alter dem Eros entkommen zu sein, der doch ein wildwütiger Tyrann sei.[22] In öffentlichen Ämtern aber muss man sich nicht nur vor diesem einen Tyrannen, der Frauen- oder Knabenliebe, retten, sondern noch vor vielen anderen, die noch viel rasender sind: wie Streitsucht, Ehrgeiz, die Begierde, der Erste und der Größte zu sein – eine krankhafte Sucht, die der Hauptgrund ist für Neid, Eifersucht und Zwietracht. Einige von diesen Übeln mindert und dämpft das Alter, andere bringt es völlig zum Erlöschen und Erkalten, nicht so sehr, weil es die Tatkraft nimmt, vielmehr hält uns das Alter zurück von einer maßlosen und hitzigen Impulsivität und führt zu einer nüchternen und ruhigen Überlegung und einer geordneten Gedankenwelt.

9. Da heißt es ja:

Bleib, du Armer, nur ruhig liegen in deinem Bett![23]

Das mag man mit Fug und Recht als eine Abmahnung verstehen, aber nur, wenn jemand damit gemeint ist, der mit seinen grauen Haaren wieder jung sein will und aus seiner langdauernden häuslichen Ruhe wie aus einer langen Krankheit wieder aufsteht und sich in seinem Alter um einen Posten beim Militär oder um ein öffentliches Amt bemüht. Es wäre aber durchaus nicht richtig, solche Worte an jemanden zu richten, der sein Leben lang im Gemeinwesen tätig war und sich dabei in Kämpfen aller Art bewährt hat – wenn man ihn nicht seinen Lauf vollenden lässt bis zur Leichenfackel und zum Ziel seines Lebens und ihn zurückrufen würde von seinem langvertrauten Weg, um ihn gleichsam auf einen anderen zu lenken, der ihm ganz unbekannt ist und der gar nicht zu ihm passt.

Anders ist es mit einem alten Mann, der sich zur Hochzeit rüstet und sich bekränzt und parfümiert hat; den kann man mit den Worten des Dichters zurückhalten:

> Welche Braut, welches Mädchen in ihrer Jugendblüte wird dich wohl zum Mann nehmen? Heiraten willst du armer Tropf?

Das ist hier durchaus am Platz. Oft machen die Alten ja auch Späße über sich selbst, wie:

> Ich nehm 'ne Frau, ich Alter, ja ich weiß, für mich und für die Nachbarn auch!

Aber seine erprobte Laufbahn zu verlassen und sich in eine unrühmliche Ecke zu verziehen, das kann man doch vergleichen mit einem Mann, der eine lange Zeit sein Leben und sein Hauswesen ohne Fehl und Tadel mit seiner Frau verbracht hat, wegen ihres Alters sie nun verstößt und entweder allein lebt oder sich statt einer Gattin eine Geliebte nimmt – das ist doch mehr als verrückt. Es hat ja [wie gesagt] einigen Grund, wenn man einen Älteren, der sich in die Öffentlichkeit drängt, abweist und ihm rät, bei seiner gewohnten bequemen Lebensweise zu bleiben. Das gilt für einen Mann wie den Landwirt Chlidon, den Schiffsreeder Lampon oder einen der Philosophen aus dem Garten.[24]

Aber wenn sich jemand einen Phokion vornimmt, oder Cato, oder einen Perikles, und zu ihm sagt wie der Dichter:

»Mein lieber Freund aus Athen, aus Rom, vom dürren Alter hinwelkend sorgst du dich noch –

schreib doch der aktiven Tätigkeit den Scheidebrief und lass die Mühen und Sorgen der Rednerbühne und der Ratsversammlung hinter dir und geh aufs Land, wo du mit einer Dienerin[25] entweder Landwirtschaft betreibst oder dich mit Hauswirtschaft und Rechnungswesen beschäftigst und so den Rest deiner Tage hinbringst.« Wer so zu jemandem spricht, der im Gemeinwesen tätig war, der will ihn zu etwas überreden, was nicht recht ist und kränkend dazu.

10. Aber wie nun? Es mag einer einwenden: Hören wir nicht in der Komödie einen Soldaten sagen:

Mein weißes Haar spricht von weiterm Dienst mich frei.

Ganz recht, mein Freund, die Diener des Ares müssen ja jung und im Vollbesitz ihrer Kräfte sein, denn

den Krieg und die mühevollen Werke des Krieges
[Homer, *Ilias* 8,453]

müssen sie betreiben, in dem wohl der Helm die grauen Haare eines Greises bedecken mag,

doch werden allmählich die Glieder ihm schwer
[Homer, *Ilias* 19,165]

und der Eifer ist zwar noch da, doch die Kraft verlässt ihn schon vorher.

Von den Dienern des Zeus aber, der Herr ist über Rathaus, Markt und Stadt – von denen verlangen wir ja gar keine Taten mit Händen und Füßen; es geht vielmehr um guten Rat, kluge Umsicht und eine Rede – keine, die ein Getöse im Volk erregt wie bei einer Meeresbrandung, sondern die mit vernünftigen Argumenten überzeugend und zuverlässig wirkt. Bei solchen Männern gelten der graue Kopf, über den man sich in der Komödie lustig macht, und die Runzeln als Zeugen für Erfahrung, und ihre Überzeugungskraft wird noch gestärkt durch ihr Ansehen als charaktervolle Persönlichkeiten. Zum Gehorchen[26] ist die Jugend bestimmt, zum Befehlen aber das Alter, und am besten geht es dem Staat:

> Wenn der Rat der Alten und die Speere der Jungen
> hervorleuchten [Pindar]

Und wie lobenswert findet man das:

> Erst einen Rat der Alten berief er [Agamemnon] ein,
> nahe bei Nestors Schiff!
> [Homer, *Ilias* 2,53 f.]

Daher gab auch der pythische Apollon den Aristokraten, die in Sparta den Königen zur Seite gestellt worden waren, den Namen *presbygeneîs,* die »Altgeborenen«. Lykurg nannte sie geradeheraus Geronten [von *géron,* »Greis«], und bei den Römern heißt die Ratsversammlung bis heute *gerusía,* Rat der Alten [Senat, von *senes*]. Und wie das Gesetz das Diadem und die Krone als Zeichen der Herrscherwürde verleiht, so gab die Natur das graue Haar als ein Ehrenzeichen für eine würdige leitende Stellung. Und die Bezeichnungen *géras* – Ehre und *geraírein* – verehren, die bewahren, so meine ich, ihren erhabenen Ton von den Älteren, *gérontes* – nicht weil sie in warmem Wasser baden oder in weicheren Betten schlafen als andere, sondern weil sie in den Gemeinwesen eine königliche Stellung einnehmen, gemäß ihrer Weisheit, deren eigentümliche und vollreife Frucht, wie bei einem spättragenden Baum, von der Natur im Alter endlich hervorgebracht wird. Und als der König der Könige [Agamemnon] zu den Göttern betete:

> Wären mir doch zehn Ratgeber wie dieser im Volk der Achäer
> [Homer, *Ilias* 2,372]

nämlich wie Nestor, da tadelte ihn dafür keiner der Aressöhne, der kampfschnaubenden Achäer, sondern sie stimmten alle zu, dass nicht nur im Staatswesen, sondern auch im Krieg das Alter großes Gewicht habe:

> Ein einziger weiser Rat besiegt der Hände viele,

wie es beim Dichter heißt. Und ein einziger vernünftiger und überzeugend vorgebrachter Gedanke vermag die besten und bedeutendsten Maßnahmen für den Staat zum Erfolg zu führen.

11. Gewiss hat die Königsherrschaft, die vollkommenste und höchste aller Herrschaftsformen,[27] auch die meisten Sorgen, Mühen und Plagen. König Seleukos soll, so heißt es, immer wieder gesagt haben, wenn die Leute wüssten, wie beschwerlich es allein ist, so viele Briefe zu schreiben

und zu lesen, da würden sie eine Krone nicht mal aufheben, wenn sie weggeworfen vor ihnen auf dem Wege läge. König Philipp aber wollte einmal sein Lager an einem schön gelegenen Platz aufschlagen, da hörte er, es gäbe hier kein Futter für die Zugtiere. »Beim Herkules«, sagte er, »was habe ich für ein Leben, wenn ich mich sogar nach den Bedürfnissen der Esel richten muss!«[28] Es mag ja nun eine Zeit geben, wo man einem altgewordenen König rät, die Krone und den Purpur abzulegen, sich einen Mantel überzuwerfen, einen Krummstab zu ergreifen und sich aufzumachen ins Landleben, damit er ja nicht als König mit grauem Haupt allerlei unnütze Dinge tut und solche, die sich für das Alter nicht schicken. Aber so etwas zu sagen gegenüber [Königen wie] einem Agesilaos, einem Numa oder Dareios, das wäre durchaus unpassend. Ebenso dürfen wir den Solon nicht vom Areopag[29] verweisen noch den Cato aus dem Senat – nur wegen ihres Alters. Und erst recht dürfen wir dem Perikles nicht raten, die Regierung in Athen im Stich zu lassen. Das hätte ja doch wohl auch keinen Sinn: Da springt einer im Sturm und Drang seiner jungen Jahre auf die Rednerbühne, und nachdem er seinem überschäumenden Ehrgeiz und seinen leidenschaftlichen Ambitionen freie Bahn gelassen hat, kommt dann das Alter, das mit der Erfahrung auch die Einsicht mit sich bringt. Eben da aber gibt er die öffentliche Tätigkeit auf, lässt alles im Stich, so wie wenn einer eine Frau verlässt, von der er genug hat.

12. In der Fabel bei Äsop will der Fuchs nicht, dass der Igel ihn von den Zecken befreit, was dieser ihm angeboten hatte. »Wenn du nämlich diese wegnimmst, die satt sind, werden andere kommen, die hungrig sind.« So müsste eine Staatsverwaltung, die immer die Älteren wegschickt, sich

notwendigerweise füllen mit jungen Männern, die nach Ruhm und Einfluss dürsten, aber keine politische Einsicht haben. Woher denn auch – wenn sie keinen älteren Staatsmann haben, bei dem sie Schüler und Zuschauer sein können? Es wird keiner zum Steuermann, wenn er nur Bücher über Seefahrt gelesen hat, wenn er nicht selbst oftmals am Steuerruder gestanden und den Kampf mit Wind und Wellen miterlebt hat in stürmischen Winternächten,

> wenn nach der Hilfe der Dioskurenbrüder sich sehnend
> der Schiffer über die Salzflut getrieben wird.

Und wie wird ein junger Mensch später ein Staatswesen richtig lenken, eine Volksversammlung oder einen Rat überzeugen können, wenn er nur ein Buch über Staatskunst gelesen oder in der Schule einen Aufsatz darüber geschrieben hat, ohne dass er selbst den Zügel des Gespanns gehalten oder am Steuerruder gestanden hat. Also wenn er nicht das ganze Auf und Ab des politischen Lebens miterlebt hat, wie die Volksredner und die Staatsbeamten mit Erfahrung und Glück ihre Sache verfechten – das heißt, wenn er auf einem Weg nicht ohne Risiko und Anstrengung seine Schule absolviert hat.[30] Anders geht es doch nicht. Und wenn es auch keinen weiteren Grund gäbe, so müsste ein Älterer sich im Gemeinwesen engagieren, um die Jungen zu bilden und zu lehren.

Die Lehrer im Lesen und Schreiben und in der Musik lesen ja selber vor und spielen vor, um die Schüler anzuleiten. So gibt auch der Staatsmann, der nicht von außerhalb redet oder etwas niederschreibt, sondern handelnd und leitend mittendrin steht, den jungen Leuten die Richtung an. Er formt und bildet sie nach seinen Worten und Taten, und zwar auf ganz lebendige Weise.

Wer sich auf diese Weise trainiert hat – nicht in den üblichen Sportschulen oder den Trainingsstätten der feinen Redekünstler, wo man gut eingeölt wird, damit man ja keinen Schaden nimmt – sondern in echten pythischen und olympischen Wettkämpfen – der hält gleichen Schritt, um es mit Simonides zu sagen,

wie das Fohlen der Stute stets zur Seite läuft.

So ging Aristeides mit Kleisthenes, Kimon mit Aristeides, Phokion folgte dem Chabrias, Cato hatte Fabius Maximus zum Mentor, Pompeius den Sulla und Polybios den Philopoimen. Diese haben sich in ihrer Jugend älteren Männern angeschlossen und sind dann sozusagen neben ihnen emporgesprossen und sind aufgewachsen mit ihrer Art des politischen Handelns. Sie haben Erfahrung erworben, wurden vertraut mit den Regeln der Politik und gewannen Ansehen und Einfluss.

13. Aischines, der Philosoph der akademischen Schule, bekam von einigen den Vorwurf zu hören, er gäbe sich als ein Schüler des Karneades aus, das sei er aber nie gewesen. Er entgegnete: »Freilich habe ich Karneades gehört, aber erst, als er seinen marktschreierischen Ton abgelegt und sich seine Redeweise aufgrund seines Alters auf das beschränkt hatte, was brauchbar und von allgemeinem Nutzen ist.« Die Älteren sind aber bei ihrer Tätigkeit nicht nur im Reden, sondern auch im Handeln frei vom Buhlen um die Volksgunst oder von Geltungsbedürfnis. Es ist wie bei der Irispflanze, von der man sagt, sie würde erst, wenn sie

alt geworden ist und ihren üblen und widerwärtigen Geruch ausgedünstet hat, einen feineren Wohlgeruch annehmen. So hat auch keine Meinungsäußerung, kein Rat bei den Älteren etwas an sich, was Unruhe und Verwirrung schafft; alles ist würdig und gesetzt. Daher kommt es auch den Jungen zugute, wie zuvor schon gesagt, wenn die Älteren sich im Staatswesen engagieren, damit, wie Platon über den mit Wasser gemischten Wein sagt, ein rasender Gott durch einen anderen, der nüchtern ist, zur Vernunft gebracht und gemäßigt werde.[31] So wird im Staatsleben die bedächtige Art der Älteren gemischt mit der aufbrausenden Jugend, die überschäumt von Ehrgeiz und Ruhmsucht, und sie wird deren leidenschaftlichen Überschwang eindämmen.

14. Außerdem ist es auch ganz falsch, wenn man meint, ein Engagement in öffentlichen Ämtern sei so etwas wie ein Aufbruch zur Seefahrt oder in den Krieg, eine Aufgabe, die man nicht auf eigene Veranlassung übernimmt und wieder abgibt, wenn der Zweck erreicht ist. Ein Engagement in einem öffentlichen Amt ist kein Dienst, der einen speziellen Nutzen und Zweck zum Ziel hat. Es ist die Lebensführung eines zivilisierten, sozialen und in Gemeinschaft lebenden Geschöpfs,[32] von der Natur dazu bestimmt, die ihm zugewiesene Lebenszeit als Bürger und als Freund der Tugend und der Menschheit zu leben. Dazu gehört es einfach, dass man sich engagiert, nicht engagiert *gewesen* zu sein, so wie es sich gehört, die Wahrheit zu sagen, nicht sie *einmal gesagt* zu haben, das Rechte zu tun, nicht es *irgendwann einmal getan* zu haben, und man soll sein Vaterland und seine Mitbürger lieben, nicht sie *einmal geliebt* haben. Dazu leitet uns auch die Natur, und solche Mahnun-

gen richtet sie an diejenigen, die noch nicht völlig saft- und kraftlos geworden sind:

> Viel wert zu sein den Menschen, zeugte dein Vater dich

und

> Lasst uns niemals aufhören, den Menschen Gutes zu tun!

15. Wer aber Schwäche und Kraftlosigkeit als Gegenargumente bringt, der klagt mehr Krankheit und Gebrechlichkeit allgemein an als das Alter.[33] Es gibt ja unter den Jungen viele kränkliche, aber es gibt rüstige Ältere. Also muss man nicht die Alten, sondern die Schwachen abweisen, und nicht die Jungen allgemein einladen, sondern die Fähigen. Aridaios war zum Beispiel jung und Antigonos war ein alter Mann, doch hat er beinahe ganz Asien unterworfen, während der andere wie ein Statist auf der Bühne eine stumme Rolle spielte als Schattenkönig, geschmäht von den jeweiligen Machthabern. So wäre einer höchst töricht, der jemanden wie Prodikos den Sophisten oder Philetas den Dichter zur Übernahme politischer Ämter berufen wollte. Sie waren zwar jung, aber mager und kränklich und wegen ihrer Schwäche meistens bettlägerig. Ebenso töricht wäre es aber, solche Älteren an der Staatsverwaltung oder Heeresführung zu hindern wie Phokion, wie den Afrikaner Masinissa oder den Römer Cato. Als sich die Athener übereilt zur Unzeit in einen Krieg stürzen wollten, befahl Phokion, alle Bürger bis zu sechzig Jahren sollten [augenblicklich] die Waffen ergreifen und ihm ins Feld folgen. Und als sie darüber murrten, sagte er: »Kein Grund zur Aufregung!

Ich gehe als Feldherr mit euch, und ich bin achtzig Jahre alt.«[34] Von Masinissa berichtet Polybios, dass er mit neunzig Jahren gestorben sei und ein eigenes Kind von vier Jahren hinterlassen habe. Und kurz vor seinem Ende, nachdem er die Karthager in einer großen Schlacht besiegt hatte, sah man ihn am folgenden Tag vor seinem Zelt sitzen und ein Stück Schwarzbrot kauen. Zu denen, die sich darüber wunderten, sagte er, das tue er immer.

> Es glänzt wie edle Bronze durch den Gebrauch,
> ein unbewohntes Haus stürzt mit der Zeit zusammen,

wie Sophokles sagt. Doch wir wenden es an auf den Glanz und das Licht der Seele, wodurch wir Einsicht, Erinnerung und Überlegung haben.

16. Aus dem gleichen Grund sagt man auch, dass die Könige besser werden in Kriegen und Feldzügen, als wenn sie in Ruhe und Muße dahinleben. Attalos, der Bruder des Eumenes, war vom langen Nichtstun im Frieden völlig erschlafft und wurde von Philopoimen, einem seiner Vertrauten, gehegt und gepflegt und geradezu gemästet. Das ging so weit, dass man in Rom die aus Kleinasien zurückkehrenden Reisenden im Scherz gefragt hat, ob der König denn bei Philopoimen überhaupt noch etwas zu sagen hätte. Bei den Römern wird man kaum viele tüchtigere Feldherren finden als Lucullus, solange er Klugheit mit Tatkraft verband. Doch nachdem er sich einem tatenlosen Leben hingegeben hatte und ohne geistige Anregung zu Hause hockte, da welkte er dahin und wurde zum lebenden Leichnam, wie die Seeschwämme bei Meeresstille.[35] Und dann ließ er sich in seinen alten Tagen von Kallisthenes, einem seiner Freigelas-

senen, füttern und pflegen und schien von diesem durch Liebestränke und Zaubermittel ganz betört gewesen zu sein, bis schließlich sein Bruder Marcus den Kerl wegjagte, seine Haushaltsführung übernahm und ihn für den Rest seines Lebens, das nicht mehr lange dauerte, wie ein Kind betreute. Dareios, der Vater des Xerxes, sagte öfter, in Gefahren übertreffe er sich selbst an Klugheit, und der Skythe Ateas hielt sich, wenn er untätig war, für nicht besser als einen seiner Pferdepfleger. Der ältere Dionysios antwortete auf die Frage, ob er auch einmal freie Zeit habe: »Gott bewahre, dass mir das jemals geschieht!« Ein Bogen reißt, so heißt es, durch zu starke Anspannung, der Geist aber, wenn man ihn zu sehr entspannt, wird schlaff. Wenn die Musiker keine Musik mehr hören, die Geometer keine Aufgaben mehr lösen, die Mathematiker ihre Berechnungen aufgeben, dann schwächen sie mit zunehmendem Alter zusammen mit dem Nachlassen ihrer Aktivitäten auch ihre geistigen Fähigkeiten. Und das, obwohl sie ja keine praktischen Künste betreiben, sondern theoretische. Noch mehr gilt dies aber für die geistige Verfassung bei jemandem, der öffentliche Ämter bekleidet: Einsicht, kluge Überlegung, Rechtssinn und dazu noch Erfahrung, die immer den rechten Zeitpunkt und das rechte Wort findet – eine Autorität, die das Volk zu überreden weiß – all das bleibt nur erhalten durch beständiges Reden, Handeln, Überlegen und Urteilen. Das wäre ja wirklich schlimm: Indem man diese Aktivitäten aufgibt, würde man es gleichzeitig hinnehmen, dass unser Geist so wichtige und so viele gute Eigenschaften verliert. Denn damit müssen ja auch Menschenliebe, Gemeinsinn und Dankbarkeit dahinschwinden – Tugenden, die doch schrankenlos und ohne Ende sein sollten.

17. Wenn du den Tithonos zum Vater hättest, der zwar unsterblich war, aber wegen seines Alters ausgiebiger Pflege bedurfte, da würdest du dich doch gewiss nicht deiner Pflicht entziehen oder es satthaben ihn zu pflegen, ihm gut zuzureden und ihm Hilfestellung zu leisten – nur aus dem Grund, weil du diesen Pflegedienst nun schon so lange geleistet hättest. Das Vaterland aber, oder wie die Kreter es nennen, das Mutterland, hat noch ältere und größere Rechte an dich als deine Eltern. Es ist zwar von langer Dauer, aber doch nicht alterslos oder sich selbst genügend, sondern bedarf ständiger Fürsorge, Hilfe und Aufmerksamkeit. Es fasst den Staatsmann, zieht ihn zu sich her,

> es greift nach seinem Kleid und hält ihn fest, wenn er eilig davon will.[36]

Du weißt ja, dass ich dem pythischen Apollon schon bei vielen pythischen Festfeiern[37] meine Dienste verrichtet habe. Aber du würdest doch nicht sagen: »Du hast jetzt genug geopfert, Plutarch, Prozessionen und Reigentänze aufgeführt, nun ist es Zeit – du bist ja inzwischen älter geworden – dass du den Festkranz ablegst und die Orakelstätte verlässt, mit Rücksicht auf deine Jahre.« Ebenso darfst auch du, Euphanes, als Leiter und Deuter der geheiligten Riten des staatlichen Zusammenlebens, die Würden und Ehren im Dienste des Zeus, der über Stadt und Ratsversammlung waltet, nicht aufgeben, in die du schon vor langer Zeit eingeweiht wurdest.[38]

18. Doch lassen wir jetzt, wenn es dir recht ist, die Argumente, die einen Älteren vom Dienst in der Gemeinschaft abziehen wollen. Wenden wir uns nun der Frage zu, wie

wir dem Alter etwas zuteilen können, was nicht unpassend und nicht beschwerlich ist. Die politische Tätigkeit bietet ja vielerlei, was dem Alter angemessen und durchaus angenehm ist. Wäre es unser Beruf gewesen, Sänger zu sein unser Leben lang, da müssten wir doch unter den verschiedenen Tonlagen und Modulationen, zu denen die Stimme fähig ist, was die Musiker Harmonie nennen, als Ältere nicht gerade die höchsten Töne mit größter Lautstärke zu erreichen suchen. Wir könnten in einem leichteren Bereich bleiben, was auch einen würdigeren Eindruck macht. Und da schließlich das Reden und Handeln bis zum Ende den Menschen von Natur aus noch mehr zu eigen ist als den Schwänen das Singen[39] – da dürfen wir doch unsere Aktivität nicht einfach aufgeben, als wäre sie eine straff gespannte Leier, die wir nun abspannen und beiseite stellen. Vielmehr sollten wir nur ein wenig nachlassen und sie zu etwas leichteren und mäßigen und dem Alter entsprechenden Weisen umstimmen. Wir lassen ja auch unseren Körper nicht ganz ohne Bewegung und Übung; selbst wenn wir nicht mehr imstande sind, den Spaten zu handhaben,[40] Sprunggewichte zu gebrauchen, den Diskus zu werfen oder in voller Rüstung zu kämpfen wie früher, so haben wir doch Schaukeln und Spaziergänge. Manche lieben auch leichte Ballspiele oder halten Diskussionen ab, um ihre Atmung in Bewegung zu setzen und die Körperwärme anzufachen. Einerseits dürfen wir uns also nicht erlauben, dass wir sozusagen einfrieren oder ausdörren durch völlige Untätigkeit, andererseits sollten wir uns nicht zur Übernahme jedweden Amtes verleiten lassen und nach jeder Art von Beschäftigung greifen. Sonst nötigen wir unser Alter, überführt von seiner Schwäche, zu Geständnissen wie diesem:

O wie verlangst du, meine Hand, den Speer zu fassen.
Doch deine Schwäche löscht jeden Wunsch dir aus.
[Euripides, *Hercules furens* 269]

Selbst bei jemandem auf der Höhe seiner Kräfte wird man es nicht billigen, wenn er so geschäftig ist, dass er alles an sich reißt und keinem anderen etwas übrig lassen will, wie es die Stoiker von Zeus behaupten,[41] und wenn er sich in alles einmischt und sich überall eindrängt, sei es aus unersättlicher Ruhmsucht oder aus Neid auf diejenigen, die irgendwie Ehre und Ansehen im Staat haben. Für jemanden in fortgeschrittenem Alter aber wäre eine solche Ämtersucht, bei der man bei jeder Kandidatenwahl dabei sein muss, – abgesehen davon, dass man in einen schlechten Ruf kommen kann – doch gar zu mühselig und beschwerlich, diese Vielgeschäftigkeit, die auf jedes Pöstchen bei Gericht oder im Rat lauert, und der Ehrgeiz, der nach jeder Gesandtschaft oder einem Schiedsgericht schnappt. Das alles auf sich zu nehmen, ist, selbst wenn man mit der Sympathie der anderen rechnen kann, eine schwere Bürde für ein fortgeschrittenes Alter. Was man aber schließlich erreicht, ist eher das Gegenteil: Man wird gehasst von den Jungen, als gestehe man ihnen keine Gelegenheit zu, sich zu erproben, und wolle sie überhaupt nicht in die Öffentlichkeit kommen lassen. Bei der übrigen Bürgerschaft aber kommt man mit diesem Streben, jedes Vorrecht und jedes Amt für sich zu reklamieren, in Misskredit, und zwar nicht weniger als andere Ältere mit ihrer Habgier und Genusssucht.

19. Alexander wollte seinem [Pferd] Bukephalos, als dieser älter wurde, nicht mehr so viel zumuten. Daher ritt er

vor der Schlacht andere Pferde, solange er die Phalanx musterte und in Schlachtordnung aufstellte. Darauf gab er die Losung aus, stieg auf Bukephalos und rückte sogleich gegen die Feinde vor und setzte sich mit ihm allen Gefahren aus. So sollte sich auch der im Staatswesen Tätige, wenn er vernünftig ist, selbst zügeln, sich von unnötigen Aktivitäten zurückhalten und in weniger wichtigen Fällen dem Staat erlauben, jüngere Kräfte damit zu betrauen. In bedeutsamen Angelegenheiten aber soll er sich mit voller Kraft einsetzen. Die Athleten halten ihre Körper von allen notwendigen Arbeiten fern und halten sie rege für die unnützen. Wir sollten dagegen die geringen und wertlosen Dinge beiseite lassen und uns für die bewahren, die der Mühe wert sind. Vielleicht ist es so, wie Homer sagt: »Dem Jungen gereicht noch alles zur Zierde« [Homer, *Ilias* 22,71]. Vom Volk wird er akzeptiert und genießt Sympathie. Gibt sich einer mit vielen kleineren Angelegenheiten ab, nennt man ihn einen Volksfreund, der keine Mühe scheut. Und wenn er glänzende und großartige Dinge vollbringt, dann nennt man ihn edel und hochherzig. Es kann auch vorkommen, dass sogar Wetteifer und Ehrgeiz sowie Waghalsigkeit einmal am Platz sind und dem Betreffenden in diesem Alter Sympathie einbringen. Das Gegenteil aber ist der Fall bei einem Älteren, der im öffentlichen Leben untergeordnete Dienstleistungen übernimmt, wie die Verpachtung der Zölle oder die Oberaufsicht über Häfen und Märkte, oder bei einem, der dahinter her ist, Gesandtschaften und Dienstreisen zu Provinzgouverneuren[42] oder ausländischen Potentaten zu ergattern, die keinen notwendigen oder würdigen Zweck haben, sondern eine bloße Formalität sind oder ein Versuch, sich in Gunst zu setzen. Wer sich so verhält, der scheint mir, mein lieber Freund, eine bedauernswerte und keineswegs beneidenswerte Erscheinung zu sein; für andere ist er vielleicht sogar ein unangenehmer, impertinenter Typ.[43]

20. Auch von den öffentlichen Ämtern sind ja nicht alle geeignet für Personen in vorgerücktem Alter, ausgenommen solche, die Würde und Ansehen besitzen, so wie das Amt, das du gerade in Athen inne hast, den Vorsitz im Rat des Areopag, und wahrlich auch die Mitgliedschaft im Rat der Amphiktyonen, die dir deine Vaterstadt auf Lebenszeit verliehen hat, »mit süßer Müh und Arbeit, die man gerne tut« [Euripides, *Bakchen* 66 f.]. Doch selbst diese Ehrenämter sollten die Älteren nicht von sich aus anstreben; sie sollten ihnen eher aus dem Weg gehen, nicht darum bitten, sie sich eher verbitten. Es soll nicht so aussehen, als würden sie sich darum reißen, sondern eher es als eine Aufgabe auf sich nehmen. Kaiser Tiberius meinte, es sei eine Schande für jemanden über sechzig, noch dem Arzt seine Hand hinzustrecken.[44] Es ist aber doch eher schmählich, die Hand zum Volk auszustrecken, um eine Wahlstimme zu erbetteln oder die Zustimmung zu einem Amt. Das deutet auf eine unedle und niedrige Gesinnung. Auf der anderen Seite verleiht es eine gewisse Würde und Ehre, wenn jemand, vom Vaterland gewählt, berufen und erwartet, nun herantritt, respektvoll begrüßt wird und das Amt als eine ihm zu Recht zukommende Ehrung in Empfang nimmt.

21. Ebenso muss ein Älterer auch als Redner in der Volksversammlung ein entsprechendes Benehmen zeigen. Er soll nicht dauernd aufs Podium springen,[45] nicht ständig denen, die sprechen, wie ein Hahn entgegenkrähen. Noch

soll er sich in Streitgespräche verwickeln und reizen lassen und dadurch die Zügel so lockern, dass er den Respekt der jungen Leute einbüßt und sie stattdessen daran gewöhnt, dass sie sich ihm widersetzen und nicht mehr auf ihn hören wollen. Freilich sollte er zuweilen auch schon einmal die Zügel locker lassen, dass die Jungen die Mähne schütteln, um gegen seine Meinung aufzutreten und ihren eigenen Elan zu zeigen. Überhaupt muss man nicht stets und ständig präsent sein und alles mitmachen, außer wenn es um eine wichtige Angelegenheit geht, entscheidend für das allgemeine oder das sittliche Wohl. In solchen Fällen muss der Ältere, auch wenn ihn keiner gerufen hat, sich eilends, auch über seine Kräfte hinaus, aufmachen. Er soll sich, wenn nötig, von jemandem stützen oder in der Sänfte tragen lassen, wie man es von dem Römer Appius Claudius erzählt. Als die Römer von Pyrrhos in einer großen Schlacht besiegt worden waren, erfuhr er, dass der Senat Waffenstillstands- und Friedensverhandlungen aufnehmen wolle. Das fand er unerträglich. Und obwohl er auf beiden Augen blind war, ließ er sich über das Forum zum Senatsgebäude bringen. Er trat dort ein, stellte sich in die Mitte und sagte, er sei bisher betrübt gewesen über den Verlust seiner Augen. Jetzt aber wünsche er sich, auch keine Ohren zu haben, um nicht zu hören, was für schimpfliche und unwürdige Dinge sie beraten und beschließen würden. Und indem er ihnen Vorwürfe machte, sie aber auch belehrte und ermutigte, überredete er sie, so dass sie augenblicklich beschlossen, die Waffen zu ergreifen und mit Pyrrhos den Kampf um Italien auszufechten. Und denken wir an Solon: Als es in Athen klar wurde, dass die volksfreundlichen Maßnahmen des Peisistratos nur Machenschaften waren, um ihm den Weg zur Tyrannenherrschaft zu bahnen, da wagte keiner, dagegen aufzutreten und es zu verhindern. Solon aber holte seine Waffen, pflanzte sie vor seinem Haus auf und rief seine Mitbürger zur Hilfe herbei. Als nun Peisistratos zu ihm schickte und ihn fragen ließ, auf wen er denn bei seinem Tun vertraue, sagte er: »Auf das Alter!«

22. Freilich werden solch dringende Fälle das Feuer auch bei Älteren, bei denen es schon erloschen scheint, wieder anfachen, wenn sie nur noch Atem haben [um es anzublasen]. In anderen Situationen wird ein Älterer, wie schon gesagt, sich richtig verhalten, wenn er Bagatellangelegenheiten ablehnt und solche, die dem Ausführenden mehr Mühe machen, als sie denen Nutzen und Vorteil bringen, für die sie ins Werk gesetzt wurden. Bisweilen wird er auch warten, bis seine Mitbürger ihn rufen, nach ihm verlangen und ihn von zu Hause abholen. Dann wird er, wenn er kommt, noch größeres Vertrauen genießen bei denen, die ihn gerufen haben. In der Regel wird er stillschweigend zugegen sein und die jungen Leute reden lassen und die Rolle eines Schiedsrichters im politischen Wettstreit übernehmen. Wenn einer das Maß überschreitet, wird er sich in sanftem und freundlichem Ton an ihn wenden; Streitsucht, Beschimpfungen und Zornausbrüche sucht er im Guten beizulegen. Geht einer fehl in seinen Ansichten, dann ermahnt und belehrt er ihn, aber ohne scharfe Kritik; er lobt aber freigebig den, der das Rechte vertritt. Freiwillig gesteht er den Jungen auch den Sieg zu und verzichtet oft darauf, mit seiner Strategie Erfolg zu haben. Dadurch sollen die Jungen mehr Durchsetzungsvermögen und Selbstvertrauen gewinnen. Bei manchen von ihnen ergänzt er auch

das, was noch fehlt, mit Lob und Anerkennung, so wie Nestor zu Diomedes sagt:

> Keiner wird deine Worte missachten von allen Achäern,
> noch widersprechen; doch bist du nicht ganz zu Ende gekommen.
> Freilich bist du noch jung und könntest selber mein Sohn noch sein.
> [Homer, Ilias 9,55 ff.]

23. Noch mehr politisches Feingefühl verrät es, überhaupt nicht öffentlich vor dem Volk Tadel auszusprechen, selbst wenn es ohne verletzende und demütigende Schärfe geschieht. Es ist besser, unter vier Augen mit denen zu sprechen, die eine politische Begabung aufweisen, ihnen freundlich und wohlwollend Ratschläge an die Hand zu geben, gute Lehren und politische Grundsätze. Damit wird man die jungen Leute ermuntern, sich rühmlichen Aufgaben zuzuwenden und ihr Licht leuchten zu lassen. Es soll sein wie in der Reitschule, wo die Lehrer ihre Schüler zuerst auf ein leichtrittiges Pferd setzen. So soll man dafür sorgen, dass bei ihrem ersten Auftreten die Volksversammlung sozusagen friedlich und willig am Zügel geht. Hat der Neuling aber irgendwie Pech gehabt, dann lässt man es nicht zu, dass er mutlos wird. Man richtet ihn wieder auf und macht ihm Mut. So machte es Aristeides mit Kimon und Mnesiphilos ebenso mit Themistokles. Das war, als diese anfangs in der Stadt unbeliebt waren und in schlechtem Ruf standen, angeblich weil sie frech und unverschämt waren. Von Demosthenes erzählt man, er habe eine Niederlage erlitten bei einer Rede in der Volksversammlung und

habe sich das sehr zu Herzen genommen. Da trat ein ganz alter Mann auf ihn zu, fasste ihn an der Hand und sagte, er habe noch den Perikles gehört, und in seiner natürlichen Art habe er etwas von diesem Mann, und es sei nicht recht von ihm zu verzweifeln. So war es auch mit Timotheos [dem Dichter und Musiker], der ausgezischt worden war wegen seiner musikalischen Neuerungen, die man als ein Sakrileg an der Musik ansah. Euripides tröstete ihn, er solle zuversichtlich sein: In kurzer Zeit schon werde ihm die Theaterwelt zu Füßen liegen.

24. Es gilt ja allgemein so wie in Rom bei den Vestalischen Jungfrauen. Ihre Dienstzeit ist in drei Perioden eingeteilt: in der ersten lernen sie, in der zweiten verrichten sie die vorgeschriebenen Riten und in der dritten schließlich lehren sie diese. In ähnlicher Weise nennt man die Priesterinnen der Artemis von Ephesos zuerst Neupriesterin, dann Priesterin und als drittes Altpriesterin. So wird auch der vollkommene Staatsmann zuerst lernend Politik treiben und sich in ihre Geheimnisse einweihen lassen, zuletzt aber lehrend und andere einweisend tätig sein. Als Aufseher über die Wettkämpfer kann einer nicht gleichzeitig selbst in athletischen Disziplinen auftreten; wer aber einen jungen Mann trainiert für die Staatsgeschäfte und die politischen Auseinandersetzungen und ihn fit macht für den Dienst an seinem Land, um

> Meister der Rede zu sein und zugleich Vollbringer von Taten [Homer, *Ilias* 9,443],

der macht sich nützlich in keinem geringen oder unwesentlichen Teil des Staatswesens, sondern gerade darin, worin

Lykurg seine erste und vordringliche Aufgabe sah: Er gewöhnte die jungen Leute daran, jedem Älteren wie einem Gesetzgeber zu gehorchen. Und worum ging es Lysander, wenn er sagte, Lakedaimon [Sparta] sei der Ort, wo man am schönsten alt werde? Etwa weil die Älteren hier am meisten dem Müßiggang frönen dürfen, Geldgeschäfte treiben oder regelmäßig zusammensitzen zum Würfelspiel oder zum Trinken? Das wird man doch wohl nicht sagen können. Es ist vielmehr so, dass dort alle in vorgerücktem Alter gleichsam die Position eines Amtsträgers, eines väterlichen Beraters oder Erziehers innehaben und nicht nur das Gemeinwesen beaufsichtigen, sondern auch das Betragen der jungen Leute in den Gymnasien, bei Sport und Spiel und in ihrer täglichen Lebensweise beobachten, und zwar ganz genau. Daher werden sie gefürchtet von denen, die sich etwas zu Schulden kommen lassen, verehrt und gesucht aber von denen, die sich richtig verhalten. Die Jungen verehren sie und folgen ihnen beständig, denn sie fördern bei ihnen Sitte und Anstand und ihren edlen Sinn und ermuntern sie gleichzeitig, ohne ihren Neid zu erregen.[46]

25. Das Neidgefühl ist zwar in keinem Lebensalter am Platz, doch bei der Jugend gibt es eine Menge von beschönigenden Namen dafür: Wettstreit, Eifer, Ehrbegierde. Bei den Älteren aber ist es immer ganz und gar unpassend, etwas Unkultiviertes und Unfeines. Deshalb darf ein Älterer, der im Staatswesen tätig ist, fern von allem Neid, es nicht machen wie alte Bäume, die den Pflanzen, die neben ihnen aufsprossen und unter ihnen wachsen, Saft und Kraft entziehen und sie am Aufwachsen hindern. Er sollte vielmehr diejenigen, die sich an ihn halten und sich an ihm emporranken wollen, freundlich zu sich heranziehen und

sich ihnen anbieten, um sie geradezurichten, zu leiten und zu erziehen. Und das nicht bloß mit Anleitungen und guten Ratschlägen: Man überlässt den Jüngeren auch öffentliche Angelegenheiten, die Ehre und Ansehen einbringen können, oder Vergünstigungen, die ihnen das Volk nicht übel nimmt, die ihm sogar gefallen und für Sympathie sorgen. Was aber Widerstand hervorruft und Schwierigkeiten macht und wie bestimmte Arzneien zuerst bitter schmeckt und unangenehm ist und später erst gut und heilsam wirkt – zu solchen Aufgaben soll der Ältere die jungen Leute nicht drängen und sie damit Missfallenskundgebungen der unverständigen Volksmasse aussetzen, woran sie noch nicht gewöhnt sind. Vielmehr soll er Anfeindungen im Zuge unpopulärer aber notwendiger Maßnahmen selbst auf sich nehmen. So wird er noch mehr Zuneigung bei den jungen Leuten gewinnen und sie noch bereitwilliger machen für die Übernahme anderer Dienste.[47]

26. Bei alldem darf man aber niemals Folgendes vergessen: Politische Tätigkeit besteht nicht nur darin, dass man Ämter bekleidet, Gesandtschaften übernimmt, große Reden schwingt in der Volksversammlung oder mit Reden oder Gesetzesanträgen um die Rednerbühne herumrast.[48] Das halten die Leute gewöhnlich für Politik-Betreiben, so wie sie diejenigen für Philosophen halten, die im Lehnstuhl sitzen und dozieren oder ihre Vorlesungsmanuskripte zirkulieren lassen. Die beständige Praxis aber, wie sie in Werk und Tat tagtäglich gleichermaßen zu sehen ist, in der politischen Wirksamkeit wie in der Philosophie, die bleibt ihnen verborgen. Und wie Dikaiarch sagte: Die in den Säulenhallen auf- und abwandeln,[49] die nennt man Philosophen, aber nicht diejenigen, die auch gehen, und zwar aufs

Land oder zu einem Freund. Wie mit der Philosophie, so ist es auch mit der Staatskunst. Sokrates war sicherlich ein Philosoph, aber er stellte keine Bänke auf, bestieg keinen Katheder und hatte keine festgesetzten Stunden für den Unterricht oder den Umgang mit seinen Schülern. Er machte vielmehr Scherze mit ihnen, wie es gerade kam, trank mit ihnen, diente mit einigen im Heer, war mit ihnen auf der Agora, auf dem Marktplatz zusammen, und am Ende gar im Gefängnis, wo er den Schierlingsbecher trank – überall philosophierte er. Er hat als Erster gezeigt, dass die Philosophie zum Leben dazugehört: zu jeder Zeit, in jeder Situation, zu jeder Stimmung oder Tätigkeit – sie passt einfach immer und überall. So muss man auch die politische Wirksamkeit beurteilen: Unverständige Menschen, auch wenn sie Heere anführen, Gesetze verfassen oder Volksreden halten, sind keine Staatsmänner. Sie reden dem Volk nach dem Mund, halten feierliche Reden, führen Parteikämpfe und übernehmen nur gezwungen öffentliche Dienste. Wer aber wahrhaft ein Herz hat für die Gemeinschaft, für die Menschen und seine Heimatstadt und sich um das allgemeine Wohl kümmert: der betreibt ständig Politik, auch wenn er dazu keine Staatsrobe anzieht. Er treibt die Fähigen an, zeigt denen, die es nötig haben, den Weg, ist bei Beratungen dabei, sucht die Unruhestifter fernzuhalten und bestärkt die anderen in ihrer rechten Gesinnung. Er zeigt überall deutlich, dass er sich nicht nur so nebenbei mit den öffentlichen Angelegenheiten beschäftigt. Und wenn eine wichtige Sache ansteht oder er eigens eingeladen wurde, dann geht er nicht ins Theater oder zur Ratsversammlung, um dort den ersten Platz einzunehmen, und er kommt auch sonst nicht nur zur Unterhaltung, um etwas

Neues zu sehen oder zu hören. Selbst wenn er nicht persönlich anwesend ist, dann ist er doch in Gedanken dabei, macht sich kundig und äußert sich zustimmend oder ablehnend zu dem, was verhandelt wurde.

27. Selbst ein Aristeides oder der Römer Cato stand nicht oft an der Spitze des Staates, doch haben sie ihr ganzes Leben aktiv im Dienst ihres Vaterlandes verbracht. Epaminondas hat als Feldherr große Taten vollbracht, aber ebenso der Erinnerung wert ist es, was er [im Krieg] in Thessalien geleistet hat, als er weder Feldherr noch Beamter war. Die Feldherren hatten die Phalanx in schwieriges Gelände hineinmanövriert, und es war Verwirrung entstanden, da die Feinde sie mit Wurfgeschossen hart bedrängten. Da wurde Epaminondas aus den Reihen der Hopliten, der Infanterie, heraus aufgerufen, und er brachte die Soldaten zuerst mit ermunternden Worten von ihrer Verwirrung und Furcht ab. Dann stellte er in der aufgelösten Phalanx die Ordnung wieder her, führte sie mit Leichtigkeit aus dem Engpass heraus und stellte sie den Feinden entgegen, so dass diese ihren Angriff aufgaben und sich zurückzogen. König Agis führte sein Heer in Arkadien bereits in Schlachtordnung gegen die Feinde, als ihm einer der älteren Spartaner laut zurief, er sei darauf aus, ein Übel durch ein anderes zu kurieren. Damit meinte er, Agis wolle mit diesem unzeitigen Vorrücken den Fehler seines vielgescholtenen Abzugs von Argos wiedergutmachen, wie Thukydides sagt [5,65,2]. Agis hörte es, gehorchte und zog sich zurück. Für diesen Mann [den alten Spartaner] wurde jeden Tag ein Stuhl an die Türen des Rathauses gestellt, und die Ephoren, die Ratsherren, kamen öfters zu ihm heraus und holten seinen Rat ein über die wichtigsten Angelegenheiten, denn er galt

als ein Mann von Verstand und Einsicht. Es wird auch Folgendes erzählt: Als seine körperlichen Kräfte schon ganz geschwunden waren und er fast den ganzen Tag im Bett zubringen musste, da wurde er von den Ratsherren zur Versammlung berufen. Er stand auf und versuchte hinzugehen, kam aber nur langsam und mit Mühe vorwärts. Da fragte er ein paar Jungen, die ihm auf dem Weg begegneten: »Wisst ihr etwas, das zwingender ist als die Notwendigkeit, seinem Herrn zu gehorchen?« »Nicht mehr können«, antworteten sie. Da sah er hiermit das Ende seines Dienstes gekommen, wandte sich um und kehrte nach Hause zurück. Man darf ja seinen Pflichteifer nicht aufgeben, bevor die Kraft versagt, ihm aber auch keinen Zwang antun, wenn diese Kraft ihn verlassen hat. Scipio Africanus [der Jüngere] holte sich Rat bei Gaius Laelius – als Feldherr wie als Staatsmann, weshalb manche sagten, Scipio sei der Schauspieler, Laelius aber der Autor seiner Taten.[50] Cicero bekannte selbst, dass er die glanzvollsten und bedeutendsten Entschlüsse, durch die er als Konsul das Vaterland gerettet habe, im Zusammensein mit dem Philosophen Publius Nigidius gefasst habe.

28. Demnach gibt es nichts, was die Älteren davon abhalten könnte, in den vielen verschiedenen Formen öffentlicher Aktivitäten dem bürgerlichen Leben zu nützen – mit dem Besten, das ihnen zur Verfügung steht: mit Vernunft, Einsicht und Erkenntnis, Freimütigkeit und »kluger Umsicht«, wie es die Dichter nennen. Nicht nur unsere Hände, nicht nur die Füße und nicht Körperkraft sind Eigentum und ein Teil unseres bürgerlichen Lebens, sondern vor allem der Geist und die Vorzüge des Geistes: Gerechtigkeit, Mäßigung und Selbstbeherrschung und Weisheit. Und weil

eben diese Eigenschaften so spät und so langsam zur Reife kommen, ist es doch widersinnig, sie nur dem Hauswesen, der Landwirtschaft und den übrigen Erwerbszweigen und Besitztümern zugutekommen zu lassen, sie unserem gemeinsamen Vaterland aber und den Mitbürgern nicht mehr zur Verfügung zu stellen, nur wegen des Alters. Dieses mag uns zwar Kraft entziehen für Dienste, die körperliche Kräfte verlangen, dafür erhöht es unsere Führungsqualitäten.

Anmerkungen

1 Für Personennamen und Personengruppen (z. B. »Amphiktyonen«) s. das Verzeichnis der Personen, sofern über die jeweilige Person etwas bekannt ist. Wo ein Zitat nicht konkret nachgewiesen wird, ist es nur als Fragment überliefert.

2 Der ältere Dionysios [I.] hatte sich in einer Festung vor seinen Feinden verschanzt.

3 So von Simonides; vgl. Kap. 5.

4 Plutarch, *Vita Catos des Älteren* 9.

5 In Cicero, *Über das Alter* 15 ist Cato weniger rigoros: Er erzählt von den Freuden der Landwirtschaft und von seiner Liebe zum Weinbau.

6 Gemeint ist der Peloponnesische Krieg. Vgl. die Rede des Perikles bei Thukydides 1,140 ff. Das Folgende: Thukydides 2,21 f.; Plutarch, *Vita des Perikles* 33.

7 D. h. unter der Römerherrschaft. Vgl. dazu Plutarch, *Politische Lehren* 32,824C ff.

8 Um ihn entmündigen zu lassen und Zugriff auf das Erbe zu haben.

9 Es gab Sammlungen über *makróbioi,* »Langlebige«, aus denen z. B. Plinius der Ältere in seiner *Naturgeschichte* zitiert. Auch Cato nennt bei Cicero zahlreiche Ältere, die noch aktiv waren.

10 Gemeint ist das siegreiche Rennpferd, das aufgrund seines Alters nun nicht mehr an den Spielen teilnehmen kann.

11 Wie in Korinth zu Ehren der Aphrodite Pandemos, wozu Prostitution gehörte.

12 Vgl. auch Kap. 16. In seiner Vita (dort Kap. 42) stellt

Plutarch Lucullus nicht so negativ dar; sein Haus mit seiner großen Bibliothek sei ein Musensitz gewesen.

13 Bei Cicero spricht Cato von seiner Freude am Zusammensein mit Freunden beim Gastmahl, mit moderatem Trinken und guten Gesprächen (vgl. *Über das Alter* 13).

14 Simonides sagt freilich auch, seine Geldgier sei eher Sparsamkeit, damit er nicht die Freunde um etwas bitten müsse, da er erkannt habe, wie unzuverlässig die Freundschaft der meisten sei.

15 Plutarch wendet sich gegen philosophische Richtungen, welche *hedoné* (»Freude/Lust«) als höchstes Ziel ansahen, wie die Epikureer und die Hedoniker oder Kyrenaiker, nach der von Aristipp von Kyrene begründeten Schule. Ihnen allen ging es freilich nicht um ein hemmungsloses Sich-Ausleben, was ja die angestrebte Seelenruhe stören würde, sondern eher um das Fernhalten störender, Unlust verursachender Faktoren.

16 Das althergebrachte Ideal der *kalokagathía,* des Schön- und Gutseins, ursprünglich ein Wert der Adelsgesellschaft, wird hier auf das bürgerliche Leben bezogen.

17 Das Gleichnis vom Seelenwagen (Platon, *Phaidros* 246a–248e): die Seele als ein geflügeltes Gespann, das über den Himmel zieht, hinauf zum überhimmlischen Ort, zum Sitz der Götter, mit der Vernunft als Lenker. Vgl. Plutarch, *Platonische Fragen* 1008C–E.

18 Vgl. Plutarch, *Vom Hören* 13,44B–C: »Denn für wahrhaft gute und charakterfeste Menschen ist es die schönste Ehre, einen zu ehren, der es verdient.«

19 Vgl. Cato bei Cicero, *Über das Alter* 11,36: Wie die Körperkraft, so schwindet auch die Denkkraft im Alter, wenn man nicht wie bei einer Lampe immer Öl nach-

gießt. Der Geist wird nur dadurch frisch erhalten, dass man ihn betätigt.

20 Wie Lucius Quinctius Cincinnatus, Konsul 460 v. Chr., der 458 vom Pflug weg berufen wurde, um als Dictator das römische Heer aus einer Notlage zu befreien.

21 Homer, *Ilias* 1,343: Achill tadelt Agamemnon; er weiß nicht zugleich voraus- wie zurückzudenken, wie er das Heer zu retten vermag.

22 Vgl. Platon, *Der Staat* 329b–c; 573b.

23 So in Euripides, *Orest* 258, Elektra zu ihrem Bruder Orest, der nach dem Muttermord dem Wahnsinn verfallen ist.

24 Gemeint sind die Anhänger Epikurs, der seine Schule in einem Garten in Athen begründet hatte.

25 Anspielung auf Laertes, der mit nur einer Dienerin kümmerlich auf dem Land lebte (vgl. Homer, *Odyssee* 1,188 ff.).

26 Vgl. Plutarch, *Politische Lehren* 12,806F: Wer zuvor nicht recht zu dienen gelernt hat, wie Platon sagt (*Gesetze* 762e), der versteht auch nicht gut zu herrschen. (Und man habe sich mehr des guten Dienens als des guten Herrschens wegen zu rühmen.) Vgl. hier Kap. 1: Zum Nutzen der Gemeinschaft beherrscht zu werden wie auch zu herrschen, ist eine würdige Bürgertugend.

27 Weil hier das Gemeinwohl verwirklicht werden kann ohne Rücksicht auf Parteiinteressen; vgl. Plutarchs Fragment *Über Monarchie, Demokratie und Oligarchie.* Freilich denkt Plutarch hier an Platons »Philosophenherrscher-These«: Die Staaten können nur glücklich sein, wenn die Herrscher Philosophen sind oder die Philosophen Herrscher (*Der Staat* 473c–d; 7. *Brief* 326a–b).

28 Vgl. den Ausspruch des Makedonenkönigs Antigonos Gonatas (283/276 – 239 v. Chr.), die Königsherrschaft sei eine ruhmvolle Knechtschaft, *éndoxos douleía.*

29 S. dazu in der Einleitung S. 12.

30 Vgl. in Rom das *tirocinium fori,* die Lehrzeit eines jungen Mannes an der Seite eines angesehenen älteren Senators; dieser nahm ihn nicht nur aufs Forum zu Gerichts- und Senatssitzungen mit, sondern prägte ihn auch durch sein Vorbild. Cicero erinnerte sich dankbar an die Mentoren seiner Jugend.

31 Platon, *Gesetze* 773d: Dionysos steht für den Wein, Poseidon fürs Wasser.

32 So die Definition des Aristoteles in *Politik* 1,1213a. Für Plutarch wichtig ist die *philanthropía,* die »Menschenliebe«.

33 So auch Cato bei Cicero, *Über das Alter* 11,35.

34 Mit dieser provozierenden Herausforderung brachte er sie von ihrem unüberlegten Vorhaben ab; vgl. Plutarch, *Vita des Phokion* 24.

35 Vgl. Anm. 12.

36 Nach Homer, *Ilias* 16,9, ein Vergleich mit einem Kind, das sich an die Mutter hängt.

37 Also schon lange: Die Pythischen Spiele, mit Wettkämpfen und Götterfeiern, fanden alle vier Jahre statt.

38 Zu den Ämtern des Euphanes vgl. Kap. 20.

39 Sie singen angeblich erst im Sterben (Schwanengesang); vgl. Platon, *Phaidon* 84e–f.

40 In den öffentlichen Sportstätten, den Gymnasien, trainierten nicht nur Wettkämpfer; auch die Römer hielten sich in ihnen fit. Dabei konnte, wer Weitsprung üben wollte, selbst die Sprunggrube ausheben. Schaukelnde

Bewegungen beim Bootsfahren oder in der Sänfte galten auch als gesundheitsfördernd (vgl. Seneca, *Briefe an Lucilius* 78,5).

41 In seinen Streitschriften gegen die Widersprüche der Stoiker kritisiert Plutarch, dass diese Zeus den Retter und Erhalter nennen (vgl. den Zeushymnus des Kleanthes), ihn aber auch für Unheil verantwortlich machen und ihn als übelwollend und missgünstig hinstellen.

42 Wie die Überbringung von Neujahrsglückwünschen, was Trajan als unnötigen Aufwand ansah. Eine schriftliche Grußadresse sei ausreichend (vgl. Plinius, *Briefe* 10,43; 44).

43 Plutarch hat hier den Wichtigtuer im Auge, der alles tut, um sein Geltungsbedürfnis zu befriedigen. Er selbst wertet Tätigkeiten keineswegs ab, wenn sie nicht zum eigenen Vorteil, sondern zum Nutzen des Gemeinwesens ausgeübt werden. »Ich antworte denen, die mich kritisieren, weil ich in meiner Stadt bei der Abmessung der Ziegel und beim Transport von Mörtel und Steinen [d. h. im Baureferat] dabei bin: ›Nicht für mich besorge ich das, sondern für mein Vaterland.‹« (Plutarch, *Politische Lehren* 15,811C)

44 Damit er den Puls messen konnte. In diesem Alter müsste man selbst über seinen Körper Bescheid wissen (vgl. Sueton, *Tiberius* 68,5).

45 Wie der Demagoge Kleon; vgl. Kap. 26 und *Politische Lehren* 13,806F–807A.

46 Cato berichtet bei Cicero (*Über das Alter* 28), ein hochbetagter Mann sei in Athen zu den Festspielen gekommen und habe keinen Platz gefunden; nur die Gesandten der Spartaner seien vor ihm aufgestanden.

47 Statt des harmonischen Miteinanders von Jung und Alt findet sich bei Aristoteles (*Rhetorik* 1389a–1390b) ein eher negatives Bild. Beide Altersstufen haben ihre typischen Fehler: die Jungen den jugendlichen Überschwang; die Alten seien vom Leben enttäuscht, verbittert und missmutig, keineswegs geschätzte Führer und Leiter der Jugend. Cato zeichnet bei Cicero ein positives Bild vom Zusammenwirken von Jungen und Alten im Staatswesen.

48 Wie der berüchtigte Demagoge Kleon; vgl. Plutarch, *Vita des Nikias* 8.

49 *Peripateîn;* der Name »Peripatetiker« für die Schüler und Anhänger des Aristoteles stammte vom Unterrichtsort, dem Peripatos, der Wandelhalle in Athen.

50 Nur Böswillige behaupteten dies, sagt Plutarch in *Politische Lehren* 11,806A, ebenso wie Kaiser Julian Apostata, *Rede* 8,244C: Scipio habe immer den Rat seines Freundes Laelius eingeholt, und daraus hätten seine Neider diese Behauptung in Umlauf gebracht. Plutarch kehrt hier zurück zu seiner Verbindung von Staatskunst und Philosophie in Kap. 26.

Verzeichnis der Personennamen

(alle Jahreszahlen v. Chr.; erläutert werden auch Personengruppen)

Äsop: Fabeldichter; lebte wohl zu Beginn des 6. Jh.s auf Samos.

Agamemnon: König von Mykene, Sohn des Atreus, Bruder des Menelaos, Vater von Orest und Elektra, Oberbefehlshaber der Griechen (Achäer) im Trojanischen Krieg. Sein Schicksal nach der Heimkehr wurde in mehreren Dramen behandelt, u. a. von Aischylos (*Orestie*).

Agesilaos: König von Sparta seit 399; wollte die Vormachtstellung Spartas sichern, besiegte 394 die Athener und ihre Verbündeten bei Koroneia. Xenophon hatte an seinen Feldzügen teilgenommen und pries in seiner Schrift *Agesilaos* dessen Tugenden. Plutarch verfasste über ihn eine Vita.

Agis II.: Spartanerkönig, Gegenspieler Athens im Peloponnesischen Krieg; errang 418 einen großen Sieg bei Mantineia, mit dem er die Vorherrschaft Spartas wiederherstellte. Mit seiner Besetzung des athenischen Vorpostens Dekeleia 413 leitete er die Blockade Athens zu Land ein.

Aischines: aus Neapolis; Akademiker; war Schüler des Karneades in dessen letzter Zeit; angesehen als Vertreter der akademischen Skepsis (s. dazu unter »Karneades«; vgl. Cicero, *Über den Redner* 1,45).

Alexander der Große: 356–323; Sohn Philipps II. von Makedonien, Schüler des Aristoteles. Von den Griechen zum Oberfeldherrn gegen die Perser gewählt, begann er 334 seinen Feldzug gegen Dareios III. und das persische Großreich, das er bei Gaugamela 331 völlig besiegte. Er wollte Hellenen und Perser zu einer Reichsbevölkerung verschmelzen, starb aber in Babylon. Unter seinen Generälen brachen schwere langdauernde Kämpfe aus (Diadochenkämpfe), die zu einer Teilung des Reiches führten. Plutarch verfasste über ihn eine Vita.

Alexis: um 376 – 270; Dichter der mittleren Komödie; soll 245 Stücke geschrieben haben und über hundert Jahre alt geworden sein. Er soll auch als Erster die beliebte Figur des Parasiten, des Schmarotzers, auf die Bühne gebracht haben.

Alkibiades: 450–404; aus vornehmer Athener Familie; sein Vormund war Perikles. Schüler des Sokrates; wandte sich aber den Sophisten zu, deren Lehre seinem großen Ehrgeiz und Machtstreben entsprach. Als Politiker mit glänzendem Auftreten, auch Olympiasieger, beim Volk beliebt; zum Strategen gewählt, kündigte er den Nikiasfrieden auf (s. unter »Nikias«) und setzte den Kriegszug Athens gegen Sizilien durch, der in der Katastrophe endete. Als politischer Abenteurer bei den Spartanern und Persern, auch wieder in Athen, wurde er 404 ermordet. Plutarch verfasste über ihn eine Vita.

Amphiktyonen: ursprünglich Umwohner eines Heiligtums (speziell Delphis), die sich zu dessen Schutz zusammengeschlossen hatten; dann allgemein eine religiös-politische Gemeinschaft, die sich zu Bundesversammlungen anlässlich von Götterfesten traf und deren Mitglieder hohes Ansehen genossen, wie Plutarch und sein Freund Euphanes.

Antigonos: Feldherr und Statthalter Alexanders des Großen; strebte nach dessen Tod 323 in den Diadochenkämpfen die Herrschaft über das ganze Reich an; seit 306 König über weite Teile Vorderasiens; fiel 301 im Kampf gegen die anderen Diadochen. Er begründete die Dynastie der Antigoniden als Könige von Makedonien.

Appius Claudius Caecus (»der Blinde«): Konsul 307 und 296, Erbauer der Via Appia; gehörte zu den berühmten Staatsmännern Roms, u. a. wegen seiner Rede im Senat i. J. 280 (s. hier Kap. 21), die er selbst veröffentlichte.

Archimedes: 287–212; lebte als Mathematiker, Physiker und Mechaniker in Syrakus; konstruierte u. a. ballistische Kriegsgeräte (Katapulte) und Schrauben zum Bewässern (Wasserschnecke). Bei der Einnahme der Stadt 212 wurde er von einem römischen Soldaten erschlagen, zu dem er gesagt haben soll: *Noli turbare circulos meos!* – »Störe meine Kreise nicht!« (gemeint waren die im Sand gezeichneten mathematischen Figuren). Bekannt ist auch sein Ausruf *Heúreka!* (»Ich hab's gefunden!«) bei der Entdeckung des spezifischen Gewichts. Vgl. Plutarch, *Vita des Marcellus.*

Aridaios (Arrhidaios): Halbbruder Alexanders des Großen; angeblich schwachsinnig; wurde nach dessen Tod als Figur im Spiel der Macht gebraucht, dann gefangen genommen und hingerichtet.

Aristeides (Aristides): um 550 – 467; angesehener Staatsmann zur Zeit der Perserkriege in Athen; Beiname: der Gerechte; Stratege in der Schlacht von Marathon 490; als Gegner der Flottenpolitik des Themistokles verbannt (durch Ostrakismos, s. unter »Kleisthenes«); 480 zur Schlacht von Salamis zurückgerufen; Feldherr auch in der Landschlacht von Plataiai 479; gründete dann mit

Kimon zusammen den Attischen Seebund. Plutarch verfasste über ihn eine Vita.

Ateas: König der Skythen; kämpfte gegen Philipp von Makedonien und fiel neunzigjährig in der Schlacht.

Attalos II. Philadelphos: König von Pergamon 159–138; Bruder des zuerst regierenden Eumenes; festigte durch romfreundliche Politik seine Stellung und das pergamenische Reich. Seine Dynastie, die Attaliden, stattete Pergamon mit großen Kunstschätzen aus (Pergamon-Altar).

Caesar: Hier ist Augustus gemeint (63 v. – 14 n. Chr.), der den Namen seines Adoptivvaters Caesar trug. Er siegte über Marcus Antonius bei Actium 31 v. Chr. und wurde damit zum Alleinherrscher.

Cato: Marcus Porcius Cato der Ältere; 234–149; berühmt als Staatsmann, Konsul und Zensor – Ämter, die er mit »catonischer Strenge« verwaltete. Er wollte statt des römischen Luxus zurück zur Einfachheit der Vorfahren. Seine Schrift *Über den Landbau,* die älteste erhaltene lateinische Prosaschrift, gibt Ratschläge für eine erfolgreiche Bewirtschaftung eines Landguts. Als Gesandter in Karthago sah er den Konflikt mit der punischen Großmacht voraus, daher sein ständiger Ausspruch: *Ceterum censeo Carthaginem esse delendam.* – »Im Übrigen bin ich der Meinung, dass Karthago zerstört werden muss.« Cicero lässt ihn in seinem Dialog *Über das Alter* als Fürsprecher eines aktiven, lebenswerten Alters auftreten. Plutarch verfasste über ihn eine Vita.

Chabrias: bedeutender athenischer Feldherr und Söldnerführer; siegreich in vielen kriegerischen Unternehmungen; fiel in einer Seeschlacht bei Chios 357.

Chares: um 400 – 325; athenischer Feldherr; als Söldnerführer in wechselnden Kommandos tätig; kämpfte gegen Philipp von Makedonien, auch im Dienst der Perser; befreite 356/355 gemeinsam mit den Strategen Iphikrates und Timotheos Samos von einer Belagerung.

Cicero: Marcus Tullius Cicero; 106–43; der große römische Politiker, Redner, Schriftsteller und Philosoph, schlug als Konsul 63 die Verschwörung des Catilina nieder und setzte sich für die *concordia omnium,* die Eintracht aller Bürger ein. Plutarch zufolge war er der Einzige, der schon früh Caesar auf dem Weg zur Alleinherrschaft sah. Seinen letzten Kampf um die Republik sowie sein Lebensende stellt Plutarch in seiner Vita eindrucksvoll dar.

Dareios: 522–486 persischer Großkönig; organisierte das persische Großreich neu. Der Aufstand der ionischen Städte, die unter persischer Oberherrschaft standen, wurde niedergeschlagen, und gegen die griechischen Städte, die daran beteiligt gewesen waren und die sich nicht unterwerfen wollten, entsandte Dareios ein Heer, das bei Marathon 490 von den Griechen besiegt wurde.

Demosthenes: 384–322; der berühmteste griechische Redner kämpfte als Politiker in Athen für die Freiheit von Hellas gegen die Machtbestrebungen König Philipps II. von Makedonien. In seinen *Philippischen Reden* rief er ganz Griechenland zum Widerstand auf. Die Ehrung mit einem goldenen Kranz (vgl. seine berühmte Kranzrede) führte zum Streit mit Aischines. Demosthenes' Politik scheiterte in der Niederlage von Chaironeia 338, die der Unabhängigkeit Griechenlands ein Ende machte. Ein erneuter Befreiungsversuch nach Alexanders Tod blieb erfolglos; der Reichsverweser Antipatros verlangte seine Auslieferung, der er sich durch Selbstmord entzog.

Dikaiarch: geb. um 375; peripatetischer Philosoph, Schüler von Aristoteles und Theophrast (371–287), vielseitiger Schriftsteller.

Diogenes: 400/390 – 328/323; begründete die Philosophie der Kyniker; als Wanderlehrer lebte er die Bedürfnislosigkeit (*autarkeía*) vor und das Freisein von einengenden Konventionen. Viele Anekdoten ranken sich um ihn; so wird ihm ein Ausspruch gegenüber Alexander, der ihm ein Geschenk machen wollte, in den Mund gelegt: »Geh mir ein wenig aus der Sonne!«

Diomedes: nach Achilleus der tapferste Held der Griechen vor Troja; im 5. Buch der *Ilias* tritt er als Hauptheld hervor; mit Odysseus raubte er das Palladion. Nach unglücklicher Heimkehr soll er sich in Italien angesiedelt haben.

Dionysios I. der Ältere: 405–367; Tyrann von Syrakus; beherrschte weite Teile von Sizilien und Süditalien. Als alter Mann verschanzte er sich in einer Festung vor seinen Feinden und starb dort.

Dionysios II. der Jüngere: seit 367 Tyrann von Syrakus; holte Platon an seinen Hof, überwarf sich aber mit ihm, da er ein Leben nach den Regeln der Philosophie nicht durchhalten konnte. Durch unglückliche Eroberungspläne und seinen früheren Vertrauten Dion schließlich gestürzt, zog er sich als Privatmann nach Korinth zurück (über Dion verfasste Plutarch eine Vita).

Dioskuren: das göttliche Zwillingspaar Kastor und Polydeukes (Pollux); Söhne des Zeus; auch Tyndariden genannt, denn ihre Mutter Leda war die Gattin des Tyndareos, eines Königs von Sparta. Als Nothelfer traten sie in der Schlacht auf und vor allem in Seenot.

Epaminondas: 420–362; erfolgreicher Feldherr aus Theben in Böotien; als charaktervolle Persönlichkeit und Landsmann Plutarchs von diesem verehrt. Er sicherte die Vorherrschaft Thebens in Griechenland gegen die Spartaner in der Schlacht von Leuktra 371, vor allem mit seiner neuen Technik der sog. schiefen Schlachtordnung. Bei Mantineia siegte er abermals, fand aber den Tod. Vgl. Plutarchs Vita seines Freundes und Kampfgefährten Pelopidas.

Eumenes: s. unter »Attalos«.

Euripides: um 480 – 406; aus Athen; jüngster der drei berühmten Tragiker; gab den althergebrachten Mythenstoffen neue Sichtweisen; stellte das Seelenleben vor allem von Frauen dar (*Medea,* Phaedra im *Hippolytos).* Seine Tragödien werden heute noch vielfach aufgeführt, wie seine *Troerinnen* als Anklage gegen den Krieg.

Fabius Maximus: um 275 – 203; Feldherr im Zweiten Punischen Krieg; wurde nach der vernichtenden Niederlage der Römer gegen Hannibal 217 zum Diktator gewählt. Mit seiner Hinhaltetechnik, die ihm den Beinamen Cunctator (»Zauderer«) einbrachte, vermochte er Hannibal schließlich in die Defensive zu drängen. 203 zog sich dieser aus Italien zurück. Cato diente als junger Mann unter Fabius Maximus und nahm ihn sich zum Vorbild. Plutarch verfasste über ihn eine Vita.

Herakles (Herkules): Sohn des Zeus; der größte Held des griechischen Mythos; viele Adelsgeschlechter führten sich auf ihn zurück. Sein Aufenthalt bei der lydischen Königin Omphale, wo er ein Jahr lang Frauenarbeit in

Frauenkleidern verrichten musste, war eine ihm vom delphischen Orakel auferlegte Strafe für die Tötung des jungen Iphitos.

Herodot: 484–425; aus Halikarnass in Kleinasien; »Vater der Geschichtsschreibung« (Cicero). Auf weiten Reisen sammelte er historische und länderkundliche Informationen, wie über Ägypten, die er in seinen *Historien* verarbeitete. Im Mittelpunkt seines Werkes steht der Konflikt der Griechen mit dem Perserreich, der Zug des Xerxes nach Griechenland. Berühmt sind seine Episoden, wie die über König Kroisos oder Polykrates. Er war mit Sophokles befreundet.

Homer: um 750; wohl in Smyrna und Chios zu Hause; Dichter der *Ilias* und der *Odyssee;* bediente sich der Schrift, um den komplexen Inhalt seiner Epen festzuhalten, die er an Adelshöfen und bei Götterfesten vortrug. Die menschlichen Züge, mit denen er den Sagengestalten eine Individualität verlieh, machen ihn bis heute zum Vater der Dichtung. Die Homeriden, eine Zunft von Rhapsoden, rezitierten seine Epen, die dann seit etwa 600 in schriftlichen Exemplaren in den griechischen Städten (gesichert weiß man das für Athen) aufbewahrt wurden. Plutarch zitiert ihn mit Vorliebe als Autorität.

Iphikrates: um 415 – 353; athenischer Feldherr; setzte als neue Waffengattung eine Söldnertruppe im Korinthischen Krieg (395–386) erfolgreich gegen Sparta ein.

Karneades: 214–129; Philosoph aus Kyrene, Leiter der platonischen Akademie in Athen, Begründer der Neuen Akademie, Teilnehmer an der berühmten Philosophengesandtschaft nach Rom i. J. 155. Als Skeptiker meinte er, unsere Sinneseindrücke könnten uns nicht die wahre Erkenntnis vermitteln, sondern nur das Wahrscheinliche, *pithanón,* was Cicero mit *verisimile* wiedergab.

Kimon: um 510 – 449; bedeutend als athenischer Feldherr und Politiker. Nach der Schlacht von Salamis 480 gegen die Perser strebte er mit Aristeides zusammen eine Politik des Friedens und der Einigung mit Sparta an und unterstützte dann die Gründung des Attischen Seebundes, der Athen die Vormachtstellung in Griechenland verschaffte. Nach seinem See- und Landsieg 469–466 gegen die Perser glaubte er das Ziel des Attischen Seebundes erreicht und befürwortete dessen Auflösung, was ihm die Feindschaft athenischer Politiker, auch des Perikles, eintrug, die auf die Gelder der Mitglieder nicht verzichten wollten. 461 wurde Kimon verbannt, später wieder zurückgerufen; er starb auf einem Feldzug gegen die Perser 449. Plutarch verfasste über ihn eine Vita.

Kleisthenes: um 525 – nach 507; athenischer Staatsmann; schuf eine Neuordnung des Staates auf demokratischer Basis, teilte das Gebiet von Attika und Athen neu ein in Demen (Bezirke), setzte den Rat der 500 ein und als oberste Instanz die Ekklesia, die Versammlung aller Bürger, die regelmäßig zusammenkam und über wichtige Angelegenheiten beriet. Sie konnte staatsgefährdende Bürger zu einer Verbannung von zehn Jahren verurteilen, aufgrund von mindestens 6000 Stimmen, die auf Tontäfelchen abgegeben wurden (sog. *ostrakismós,* Scherbengericht).

(Gaius) Laelius: Beiname Sapiens, der »Weise«; Konsul 140; angesehen als Redner und Politiker; Freund des jüngeren Scipio Africanus; nahm teil an der Eroberung

Karthagos 146; Mitglied eines Kreises gebildeter philosophisch interessierter Römer (sog. Scipionenkreis). Cicero lässt ihn auftreten in seinen Dialogen *Über die Freundschaft* und *Über das Alter.*

Laertes: Vater des Odysseus; zog sich aus Gram über die lange Abwesenheit seines Sohnes und die Besetzung seines Palastes durch die Freier aufs Land zurück.

Lucullus: Lucius Licinius Lucullus; um 114 – um 57; römischer Feldherr; von Sulla geschätzt und gefördert; als Konsul ab 74 Oberbefehlshaber im Dritten Krieg gegen König Mithridates VI. von Pontus (Kleinasien), einen der stärksten Gegner Roms. Durch finanzielle Erleichterungen der Provinzbewohner in Kleinasien machte er sich in Rom Feinde bei denen, die dadurch ihre Einkünfte gemindert sahen. Sie schürten eine Meuterei unter seinen Soldaten und setzten trotz seiner militärischen Siege seine Ablösung durch. Pompeius übernahm 67 sein Kommando. Lucullus zog sich resigniert ins Privatleben zurück. Sein Luxus wurde sprichwörtlich (lukullische Gastmähler). Er hatte die Kirsche nach Rom mitgebracht (aus Kerasos). Plutarch verfasste über ihn eine Vita.

Lykurg: sagenhafter Gesetzgeber Spartas; angeblich um 776, zur Zeit der ersten aufgezeichneten Olympiade. Er ordnete das gesamte politische und soziale Leben durch das Zusammenwirken von Doppelkönigtum, Rat der Alten (Gerusia) und Heeresversammlung (Apella) und legte großen Wert auf eine Erziehung der Bürger, die sich nicht an geschriebenen Gesetzen, sondern an den Werten des Zusammenlebens orientieren sollten. Die strenge Zucht in der Jugenderziehung und die »spartanische« Lebensführung, die auf Gesetze und Weisungen Lykurgs zurückgeführt wurden, sah man als Grundlage für die politische Machtstellung Spartas an. Plutarch verfasste über ihn eine Vita.

Lysander (Lysandros): um 455 – 395; spartanischer Feldherr; besiegte bei Aigospotamoi 405 die athenische Flotte, blockierte den Hafen Piräus und beendete so den Peloponnesischen Krieg mit der völligen Niederlage Athens. Er errichtete dort das System der Dreißig Tyrannen, die ein Gewaltregime führten. Sein Ziel, König in Sparta zu werden, erreichte er nicht; er fiel im Kampf gegen ein Bündnis griechischer Staaten, die sich gegen die Herrschaft Spartas erhoben hatten, bei einer Belagerung in Böotien. Plutarch verfasste über ihn eine Vita.

Masinissa: um 240 – 148; König von Numidien (Nordafrika); im Konflikt mit Karthago, daher Bundesgenosse der Römer; Freund des Scipio Africanus maior; unterstützte ihn mit seiner Reiterei beim Sieg in der Schlacht von Zama 202 im Zweiten Punischen Krieg. Auch Cato lobt ihn bei Cicero (*Über das Alter* 10,34) als rüstig und aktiv noch mit neunzig Jahren.

Meidias: um 400 – um 330; reicher Athener; übernahm viele Ehrenämter und verschaffte sich so großen Einfluss. Gegner des Demosthenes, der ihn in einer Rede wegen seiner Übergriffe gegen ihn anklagte (*Rede* 21,167; 171–174).

Mnesiphilos: aus Athen; Zeitgenosse des Themistokles, dessen Lehrer und Ratgeber. Herodot zufolge (8,56 ff.) soll er diesem im Perserkrieg geraten haben, die Flotte nicht aus der Bucht von Salamis abzuziehen, wie viele es wollten, sondern dort in der Meerenge die Schlacht zu liefern, wo sich die Übermacht der Perser nicht entfalten konnte. Dies habe Themistokles dann als seine eigene Ansicht ausgegeben und die Athener davon überzeugt. Plutarch hält dies für eine Unwahrheit: Themistokles habe den Seesieg von Salamis mit seiner Klugheit vorbereitet und erfochten (*Über die Böswilligkeit Herodots* 37,869D–F).

Nestor: König von Pylos; zog trotz seines hohen Alters mit in den Trojanischen Krieg; tapferer Kämpfer, hochgeschätzt als Ratgeber.

(Publius) Nigidius Figulus: um 100 – 45; Freund Ciceros; römischer Schriftsteller – seine naturwissenschaftlichen, grammatischen und antiquarischen Schriften sind nur bruchstückhaft erhalten. Er stand auch der pythagoreischen Philosophie nahe, unterstützte Cicero gegen die Catilinarier, kämpfte im Bürgerkrieg gegen Caesar; von diesem verbannt starb er im Exil.

Nikias:

1. um 470 – 413; bedeutender Politiker und Feldherr in Athen; bemühte sich um einen Ausgleich mit Sparta und um die Eindämmung der aggressiven Politik Athens, wie sie vor allem sein Widersacher Kleon verfocht. Nach dessen Tod setzte er 421 einen fünfzigjährigen Frieden mit Sparta durch (sog. Nikiasfrieden) und bemühte sich um eine Konsolidierung. Er warnte vergebens vor den Expansionsabsichten des Alkibiades (s. dort), der Syrakus erobern wollte, um dort eine Machtposition Athens zu schaffen (die sog. Sizilische Expedition). Die Volksversammlung stimmte jedoch für diese Expedition und wählte Nikias, Lamachos und Alkibiades zu Strategen. Un-

mittelbar vor dem Aufbruch wurde Alkibiades wegen Religionsfrevels zurückbeordert; Nikias musste wider seine Überzeugung das Unternehmen leiten, nach dem Tod des Lamachos allein. Er konnte Syrakus nicht einnehmen, wurde von dem Spartaner Gylippos mit seinem Hilfskorps schwer bedrängt. Nikias weigerte sich aber, den Rückzug zur See anzutreten, wurde auf dem Landweg überwältigt und musste sich ergeben. Er wurde später hingerichtet; die Soldaten wurden in den berüchtigten Latomien (Steinbrüchen) von Syrakus eingekerkert. Plutarch sieht ihn in seiner Vita als eine tragische Figur. Als die Nachricht von der Katastrophe eintraf, hielten die Athener den Überbringer für einen Schwindler und folterten ihn. »So schwer vermochten sie zu glauben, dass dem Nikias das wirklich widerfahren sei, was er ihnen so oft vorhergesagt hatte« (Plurarch, *Vita des Nikias* 30).

2. 4. Jh.; berühmter Maler aus Athen; für sein Gemälde *Nekyia* (die Totenbeschwörung; nach Homer, *Odyssee* 11) bot ihm König Ptolemaios I. eine riesige Summe, doch er konnte sich nicht davon trennen, stiftete es später seiner Vaterstadt.

Numa Pompilius: angeblich am Gründungstag Roms geboren (21. April 753); nach der Überlieferung der zweite König Roms, nach Romulus; galt als Friedensherrscher; gab Rom Gesetze, erbaute Tempel, ordnete das Sakralwesen mit den Festen und Organisationen des römischen Staatskults und reformierte den Kalender (Hinzufügung der Monate *Januarius* und *Februarius*). Plutarch verfasste über ihn eine Vita, stellte ihn Lykurg, dem Gesetzgeber Spartas, gegenüber und pries ihn seiner Weisheit und Gerechtigkeit wegen, mit der er die Ruhe und Eintracht unter den Bürgern hergestellt und bewahrt habe.

Omphale: s. unter »Herakles«.

Paralos: das Staatsschiff von Athen; auch das »Delische Schiff« genannt – es war angeblich das Schiff, mit dem Theseus nach Kreta gesegelt war, um den Minotaurus zu töten und die diesem zum Opfer bestimmten jungen Athener wieder zurückzubringen; Theseus machte auf dem Heimweg nach Athen auf Delos Rast und hielt zu Ehren Apollons eine Dankfeier ab. Es fand noch in späterer Zeit jährlich eine Festfeier auf Delos statt, zu der das Schiff mit einer Delegation entsandt wurde. In der Zeit von der Abfahrt bis zur Rückkehr durften in Athen keine Todesstrafen vollzogen werden; dies bot dem verurteilten Sokrates (s. dort) noch Gelegenheit zum Gespräch mit seinen Freunden (s. unter »Platon«). Da das Schiff ständig erneuert wurde, diente es zum Exempel für die philosophische Frage, ob Dinge, die sich verändern, immer noch dieselben blieben (vgl. Heraklit: man könne nicht zweimal in denselben Fluss steigen). Vgl. zum Schiff auch Plutarch, *Vita des Theseus* 23.

Peisistratos: um 600 – 527; machte sich um 560 zum Alleinherrscher in Athen; entmachtete den Adel, verbesserte die wirtschaftlichen Verhältnisse und förderte den kulturellen Aufschwung. Er erbaute Tempel, ließ Tragödien aufführen, veranstaltete das Fest der Panathenäen, mit dem Vortrag der Epen Homers. Ihm folgten seine Söhne Hipparchos und Hippias in der Herrschaft.

Peleus: König von Phthia in Thessalien, Gatte der Meeresgöttin Thetis, Vater des Achill; von diesem bedauert, da er einsam und ohne Schutz im Alter sei (Homer, *Ilias* 24).

Perikles: um 495 – 429; bedeutendster athenischer Staatsmann; führte viele Reformen durch; nach der Verbannung Kimons (s. dort) bestimmte er, der jedes Jahr wieder zum Strategen gewählt wurde, die Politik in Athen. Es war dort »dem Namen nach eine Demokratie, in Wahrheit aber die Herrschaft des ersten Mannes« (so Thukydides). Durch den Bau der Langen Mauern bis zum Piräus wurde Athen befestigt. Mit der Verlegung der Bundeskasse des Attischen Seebundes nach Athen wurde dieser zu einem Machtinstrument Athens. Perikles finanzierte damit mehrere Koloniegründungen, wie Thurioi in Unteritalien, und zeigte überall Präsenz mit der Flotte, um Athen als Seemacht gegen die Landmacht Sparta herauszustellen. Mit dem Geld der Bündner finanzierte er auch seine großartigen Bauten wie den Parthenon, zusammen mit Phidias, dem größten Bildhauer Griechenlands, und machte Athen zu einem kulturellen Zentrum. Perikles sah wohl eine Auseinandersetzung mit Sparta, einen Kampf um die Vorherrschaft im Mittelmeerraum als unausweichlich an; sein Eingreifen in innergriechische Konflikte (Kerkyra, Potidaia) zog schließlich den Ausbruch des Peloponnesischen Krieges zwischen Athen und dem Peloponnesischen Bund unter Spartas Führung nach sich (431–404). 430 brach in Athen eine Seuche aus, die die Bevölkerung dezimierte und der auch Perikles zum Opfer fiel. Berühmt blieb die Gedenkrede, die er auf die Gefallenen des Jahres 431 hielt und die Thukydides dem Sinn nach wiedergegeben hat (2,35–46). Hier zeichnet Perikles ein ideales Bild von Athen als der Schule von Hellas und von seinen Bürgern, die sich frei in edlem Stolz zu ihrer Stadt bekennen. Vgl. den Panathenäen-Zug auf dem Parthenon-Fries. Plutarch verfasste über Perikles eine Vita.

Philemon: 361–262; Komödiendichter, Rivale des Menander; soll 99 Jahre alt geworden sein.

Philetas: auch Philitas; 340–285; aus Kos; Dichter und Gelehrter in Alexandria; soll, da er so dünn, ja dürr war, Bleisohlen in den Schuhen getragen haben, um vom Wind nicht umgeweht zu werden (Aelian, *Bunte Geschichten* 9,14). Durch zu intensive Studien sei er ganz hinfällig geworden (Athenaios, *Deipnosophistae* 9,401e; 12,554c–f.).

Philipp (II.): 359–336; König von Makedonien, Vater Alexanders des Großen; machte Makedonien zur Führungsmacht und bedrohte die Stellung Athens. Der Redner und Politiker Demosthenes (s. dort) rief Athen und seine Verbündeten zum Kampf gegen ihn auf. Die Griechen konnten ein weiteres Ausgreifen Philipps nicht verhindern; ihre Niederlage 338 in Plutarchs Heimatstadt Chaironeia sicherte die Vormachtstellung Philipps, der sich im Korinthischen Bund 337 den Oberbefehl zu einem Krieg gegen Persien übertragen ließ. Er fiel jedoch einem Mordanschlag zum Opfer; sein Sohn Alexander übernahm die Herrschaft und trat den Persienfeldzug an.

Philopoimen: um 252 – 182; aus Megalopolis in Arkadien; 208–182 Feldherr des Achäischen Bundes, dem er durch seine kriegerischen Erfolge die militärische Führung auf der Peloponnes verschaffte. Seine Konsolidierungsmaßnahmen während seiner langen Zeit im Amt des Strategen machten ihn sehr populär. Der Bund geriet schließlich in Konflikt mit Rom, dem auch Philopoimen zum Opfer fiel. Griechen wie Römer nannten ihn jedoch mit Respekt den »letzten Hellenen«. Plutarch verfasste über ihn eine Vita. (In Kap. 16 ist ein anderer Philopoimen gemeint.)

Phokion: 402–318; Feldherr und Staatsmann in Athen; führte den Kampf gegen Philipp II. von Makedonien an; trat nach der Niederlage der Griechen bei Chaironeia 338 für ein Friedensangebot Philipps ein; musste nach dem vergeblichen Aufstand der Griechen nach Alexanders Tod unter makedonischer Besatzung die Regierung in Athen übernehmen, was er gewissenhaft und uneigennützig tat. Ein politischer Umschwung in Athen führte zu seiner Verurteilung durch die Volksversammlung; er wurde mit anderen hingerichtet und starb gefasst wie Sokrates. Plutarch verfasste über ihn eine Vita.

Pindar: 518–446; aus Theben. Seine Siegeslieder (Epinikien) zu Ehren der Sieger bei den panhellenischen Spielen (Olympia u. a.) machten ihn zum berühmtesten Chorlyriker. Sie gehen über den Anlass hinaus, indem sie Mythenerzählungen und religiös geprägte Einsichten in das Menschenleben auf höchst kunstvolle Weise verbinden.

Platon: 427–347; aus Athen; der bedeutendste griechische Philosoph; Schüler des Sokrates; versuchte seine staatspolitischen Ideale zu verwirklichen; reiste daher mehrmals zu Dionysios II. nach Syrakus, doch ohne Erfolg. Nach Athen zurückgekehrt gründete er 387 auf dem Gelände des Heros Akademos seine Schule, die daher

»Akademie« genannt wurde. In seinen Werken, meist in Dialogform verfasst, spielt sein Lehrer Sokrates eine bedeutende Rolle, vor allem in der *Apologie,* seiner Verteidigungsrede vor Gericht, und im *Phaidon,* der seine letzten Stunden beschreibt. In seinem Staatswerk *Politeia* und den *Gesetzen (Nomoi)* vertritt Platon die Grundsätze eines gerechten Staates. Seine Lehre von der Unsterblichkeit der Seele wirkte weiter, so im Neuplatonismus. Plutarch war Platoniker; er verfasste mehrere Schriften über Platons Philosophie, wie die *Platonischen Fragen.* Vgl. Plutarch, *Vita des Dion.*

Polos: 4. Jh.; berühmter Schauspieler, der noch im Alter in Tragödienrollen auftrat.

Polybios: um 200 – nach 118; aus Megalopolis; griechischer Historiker; durfte als junger Mann die Asche des hochverehrten Philopoimen (s. dort) zu Grabe tragen. Nach der Niederlage des Achäischen Bundes gegen Rom wurde er als eine der vornehmen Geiseln nach Rom gebracht, wo er mit Scipio Africanus dem Jüngeren Freundschaft schloss und ihn im Dritten Punischen Krieg begleitete. Er konnte auf vielen Reisen Einblick gewinnen in die römische Politik, was in seine *Historien* einging (nur teilweise erhalten), eine Weltgeschichte in vierzig Büchern, die die Jahre 264–145 darstellen, also die Zeit bis zur Zerstörung Korinths. Er trat danach erfolgreich für eine maßvolle Behandlung Griechenlands durch Rom ein. In seinem Geschichtswerk sah er die Ursache für die Größe Roms in dessen Verfassung, die monarchische, aristokratische und demokratische Elemente in ausgewogener Mischung enthält. Cicero bezieht sich darauf in *Vom Staat* 1,21 (34).

(Gnaeus) Pompeius: 106–48; römischer Feldherr und Politiker. Während des Bürgerkriegs zwischen Marius und Sulla kämpfte er erfolgreich für Sulla (s. dort), was ihm die Ehre eines Triumphs einbrachte, obwohl er noch jung war und keine Ämter bekleidet hatte. Von Sulla erhielt er auch den Beinamen Magnus (»der Große«). Er machte dem Aufstand des Spartacus ein Ende und erhielt zusammen mit Crassus 70 das Konsulat und das Kommando im Seeräuberkrieg, den er siegreich beendete. 66 siegte er als Oberbefehlshaber im Krieg gegen Mithridates VI. von Pontus und richtete Provinzen ein in Kleinasien und Syrien. 61 erhielt er einen weiteren Triumph. Obwohl er nach Ablauf des Krieges ordnungsgemäß sein Heer entlassen hatte, wollte ihm der Senat aus Furcht vor einer Alleinherrschaft seine Anordnungen nicht bestätigen und die Versorgung seiner Veteranen nicht übernehmen. Daher schloss Pompeius i. J. 60 mit Crassus und Caesar ein Bündnis, das sog. Erste Triumvirat (»Dreimännerherrschaft«); damit wollten die drei Männer ihre politischen Pläne durchsetzen; 56 wurde das Bündnis erneuert. Während Caesars Abwesenheit im Gallischen Krieg hatte Pompeius in Rom die führende Stellung inne. Der Streit im Senat um die Ablösung Caesars von seinem gallischen Kommando i. J. 49 führte schließlich zum Bürgerkrieg, in dem Pompeius als Führer der Senatspartei 48 in der Schlacht von Pharsalos von Caesar geschlagen wurde. Pompeius wollte sich daraufhin in Ägypten in den Schutz des den Römern verpflichteten Königshauses begeben, wurde dort aber bei der Landung von den Ratgebern des jungen Ptolemaios XIII. ermordet. Caesar ließ die-

se hinrichten. Plutarch verfasste über Pompeius eine Vita.

Prodikos: 5. Jh.; aus Keos; Sophist, Gesprächsteilnehmer in Platons *Protagoras*, wo es heißt (315d), er habe des Morgens noch im Gastzimmer gelegen, eingehüllt in Decken und Felle, und zwar sehr viele, wie man sehen konnte.

Pyrrhos: um 319 – 272; König der Molosser in Epirus; mit dem makedonischen Königshaus verwandt sah er sich als Nachfolger Alexanders des Großen und Erbe von dessen Großmachtplänen. Er nahm die Bitte Tarents um Unterstützung gegen Rom gerne an, um sich in Unteritalien festzusetzen. In zwei Schlachten in Italien, wobei er Kriegselefanten einsetzte, war er zwar siegreich, hatte aber hohe Verluste (»Pyrrhussiege«). Verhandlungen mit den Römern wurden durch den Einspruch des Appius Claudius abgebrochen (vgl. hier Kap. 21). Nach einem Kriegszug gegen die Karthager, denen Pyrrhos Sizilien abnehmen wollte, kehrte er nach Unteritalien zurück, wurde von den Römern 275 bei Benevent vernichtend geschlagen und musste sich nach Epirus zurückziehen. Bei einem Ausgreifen auf die Peloponnes kam er bei Kämpfen in Argos ums Leben. Das Zeus-Heiligtum von Dodona kündet noch von seiner Bautätigkeit. Plutarch verfasste über ihn eine Vita.

Pytheas: 4. Jh.; Redner und Politiker; trat schon in jungen Jahren als temperamentvoller Redner in Athen auf; so gegen die Ehrungen, die Alexander dem Großen zuerkannt werden sollten. Als Gegner und Rivale des Demosthenes machte er diesem den Vorwurf, seine Reden würden nach der Lampe riechen.

Pythia: Orakelpriesterin des Apollon Pythios in Delphi, der seinen Beinamen nach Python hatte, der Schlange bzw. dem Drachen Python, der das Gebiet von Delphi beherrschte und von Apollon getötet wurde. Der Gott übernahm dann die Stätte, und es entstand dort sein Tempel mit dem Orakel. Dort fanden alle vier Jahre die Pythischen Spiele statt, sportliche und musische Wettkämpfe. Plutarch war einer der beiden Oberpriester; er hat drei Schriften zum Orakelwesen verfasst.

Scipio: Publius Cornelius Scipio Aemilianus Africanus minor (»der Jüngere«); um 185 – 129; bedeutend als Staatsmann und Feldherr; Sieger im Dritten Punischen Krieg; zerstörte 146 Karthago, eroberte 133 auch Numantia in Spanien. Förderer der griechischen Kultur in Rom; Freund des Polybios. Vgl. Cicero, *Vom Staat* 6,9 ff. (*Somnium Scipionis* – »Der Traum des Scipio«).

Seleukos I. Nikator: um 358 – 281; Feldherr Alexanders des Großen; dehnte nach dessen Tod in den Diadochenkriegen seine Herrschaft über Vorderasien aus; gewann mit über achtzig Jahren noch eine Schlacht; gründete viele griechische Städte, wie auch seine Nachfolger, die Seleukiden.

Simonides: um 556 – 467; griechischer Lyriker aus Keos; verfasste Siegeslieder, Klagelieder, kultische Gesänge, Epigramme; ihm wird auch das berühmte Epigramm auf die gefallenen Kämpfer an den Thermopylen zugeschrieben: »Wanderer, kommst du nach Sparta …«. Er soll eine Gedächtnis- und Merktechnik erfunden haben. Trotz der Bedeutung seiner Dichtung sind nur Fragmente erhalten. Mit achtzig Jahren gewann er noch einen Wettbewerb in Athen, reiste dann weiter an den

Hof des Hieron von Syrakus; starb neunzigjährig in Akragas auf Sizilien.

Sokrates: 470–399; aus Athen; griechischer Philosoph mit weitreichender Wirkung. Er wandte sich gegen rechtswidrige Maßnahmen der Regierenden, zog sich dadurch Feindschaft zu, wie auch durch die unkonventionelle Art seines Philosophierens. Durch seine Fragetechnik, die er Maieutik (»Hebammenkunst«) nannte, wollte er zur Erkenntnis wahrer Werte hinführen. Im Sinne einer praktischen Ethik gab es für ihn nur ein Leben nach sittlichen Grundsätzen. Sein Satz »Unrecht leiden ist besser als Unrecht tun« widersprach der expansionistischen Politik Athens und dem Geltungsstreben seiner Bürger. Er wurde wegen Asebie (Religionsfrevel, Leugnung der Staatsgötter) und Verführung der Jugend angeklagt und zum Tode verurteilt (s. unter »Paralos«). Vgl. Platons (s. dort) und Xenophons Verteidigungsrede. In der Neuzeit wurde Sokrates mit Jesus Christus und Mahatma Gandhi als eine der drei Säulen der Humanität bezeichnet.

Solon: um 640 – nach 561; athenischer Staatsmann, Gesetzgeber und Reformer der Verfassung zugunsten der schwächeren Bürger; galt als einer der Sieben Weisen; gab seine Grundsätze in dichterischer Form wieder (*Eunomia / Lob auf die gute Ordnung)*. Herodot lässt ihn auf seinen Reisen mit dem reichen König Kroisos zusammentreffen und ihn belehren, dass er nicht auch der Glücklichste sei. Plutarch verfasste über ihn eine Vita.

Sophokles: 496–406; aus Athen; gehört mit Aischylos und Euripides zu den großen attischen Tragödiendichtern; war auch politisch tätig. Seine Dramen wie *Ödipus, An-*

tigone, Elektra, die Menschen in Extremsituationen zeigen, werden heute noch vielfach aufgeführt.

Sulla: Lucius Cornelius Sulla; 138–78; römischer Feldherr und Politiker. Nach erfolgreichem Krieg gegen Jugurtha, den König von Numidien (Nordafrika), 88 Konsul und mit dem Oberbefehl im Krieg gegen Mithridates VI. von Pontus betraut, wurde er von seinem politischen Gegner Marius seines Amtes enthoben. Aus dem Bürgerkrieg gegen Marius ging Sulla als Sieger hervor und zog 82 in Rom ein. Er errichtete eine Schreckensherrschaft (Proskriptionen, schwarze Listen); als Diktator mit unbeschränkter Vollmacht setzte er Reformen durch, dankte 79 ab, zog sich zurück und verfasste seine Memoiren. Er nannte sich selbst Felix, den »Glücklichen«. Plutarch verfasste über ihn eine Vita.

Themistokles: um 524 – 459; athenischer Staatsmann; wollte den Angriff des Perserkönigs Xerxes zur See abwehren und baute eine große Flotte, mit der die Griechen bei Salamis 480 siegreich waren (s. unter »Mnesiphilos«). Athen, das von den Persern zerstört war, wurde unter ihm wieder aufgebaut. 471 wurde er von seinen politischen Gegnern angeklagt und verbannt und in Abwesenheit wegen angeblichen Hochverrats (Verbindungen zu Persien) zum Tode verurteilt. Er floh zum Perserkönig Artaxerxes I., der ihm die Statthalterschaft über Städte in Ionien (Kleinasien) übertrug, wo er bis zu seinem Tod blieb. Plutarch verfasste über ihn eine Vita.

Thukydides: um 460 – 400; der größte griechische Historiker; Begründer der wissenschaftlichen Geschichtsschreibung. Als Stratege wurde er wegen einer fehlgeschlagenen militärischen Aktion verbannt, kehrte erst nach dem Ende des Peloponnesischen Krieges, den er aus der Ferne beobachtete, nach Athen zurück. Er beschrieb diesen Krieg als Musterbeispiel eines Macht- und Interessenkonflikts, wie er sich der menschlichen Natur gemäß immer wieder zutragen wird, und sein Werk ist daher »aufgeschrieben zum dauernden Besitz, nicht als ein Prunkstück zum einmaligen Hören« (1,22,4).

Tiberius: 42 v. Chr. – 37 n. Chr.; römischer Kaiser ab 14 n. Chr.; Stiefsohn und Nachfolger des Augustus.

Timotheos: 4. Jh.; athenischer Politiker; als Stratege erfolgreich in der Ausdehnung der athenischen Herrschaft im Attischen Seebund; sein Mitgeneral war Chares (s. dort).

Tithonos: ein Bruder des Königs Priamos von Troja; seiner Schönheit wegen von Eos, der Göttin der Morgenröte, entführt; diese erbat von Zeus für ihren Geliebten die Unsterblichkeit, vergaß aber die ewige Jugend, so dass Tithonos immer mehr zusammenschrumpfte, sich schließlich in eine Zikade verwandelte.

Vestalische Jungfrauen: Die Vestalinnen waren Priesterinnen der Göttin Vesta in Rom und hatten das heilige Feuer zu hüten, von dem das Wohl des Staates abhing. Ihr Kollegium war von König Numa gegründet worden.

Xenophon: 430–354; aus Athen; vielseitiger Schriftsteller, Schüler des Sokrates (vgl. seine Verteidigungsrede, *Apologie,* und die *Erinnerungen an Sokrates*). Er beteiligte sich 401 am Feldzug des Perserprinzen Kyros gegen seinen Bruder, König Artaxerxes II. Nach der Niederlage und dem Tod des Kyros bei Kunaxa führte Xenophon die griechischen Söldner zurück, was er in seiner *Anabasis* beschrieb. 396 stand Xenophon aufseiten des

Spartanerkönigs Agesilaos, dem er eine Lobrede widmete, im Kampf gegen Theben und Athen. Deshalb von Athen verbannt, lebte er auf einem Gut in Skyllos bei Olympia, das er von den Spartanern erhalten hatte. Nach deren Niederlage bei Leuktra 371 zog er sich nach Korinth zurück, wo er seine *Hellenika,* eine griechische Geschichte als Fortsetzung des Thukydides, vollendete sowie u. a. eine Lehrschrift über Hauswirtschaft, *Oikonomikos,* und die *Erziehung des Kyros* (des älteren) zum idealen Herrscher verfasste.

Xerxes: 519–465; Sohn des Dareios; persischer König; baute die Residenz Persepolis aus, führte Krieg gegen Griechenland, zerstörte Athen. 480 wurde seine Flotte von den Griechen bei Salamis, 479 sein Landheer bei Plataiai geschlagen. Vgl. die Tragödie des Aischylos: *Die Perser.*

Literaturhinweise

Die Übersetzung folgt dem griechischen Text in der Ausgabe:

Plutarch's *Moralia* in Fifteen Volumes. Vol. X. With an English translation by H. N. Fowler. Cambridge (Mass.) / London: Harvard University Press, 1936. [Loeb Classical Library (LCL).]

Übersetzungen

Gesamtausgabe

Plutarch: Moralia. 2 Bde. Nachdr. der Ausgabe von Osiander/ Schwab, Stuttgart 1828–61. Mit zusätzlicher Kommentierung hrsg. von Chr. Weise und M. Vogel. Wiesbaden: Marix, 2012. [Bd. 2, S. 287–310: »Ob ein Greis noch Staatsgeschäfte treiben soll?«.]

Andere Texte

Plutarch: Glücklichsein. Denkanstöße aus der Antike. Übers. und hrsg. von M. Giebel. Stuttgart, Reclam 2018. [Universal-Bibliothek. 19515.]

Plutarch: Die Kunst zu leben. Übers. und hrsg. von M. Giebel. Frankfurt/Leipzig: Insel, [4]2017. [Einzelne Essays u. a. zu Gesundheitsregeln, Kindererziehung, Ehe; dazu: »Trostbrief an die Gattin«, »Das Gastmahl der Sieben Weisen«.]

Plutarch: Darf man Tiere essen? Gedanken aus der Antike. Übers. und hrsg. von M. Giebel. Stuttgart: Reclam, 2015. [Universal-Bibliothek. 19313.]

Plutarch: Caesar. Übers. und hrsg. von M. Giebel. Reclam, 2015. [Universal-Bibliothek. 19292.]

Plutarch: Alexander. Übers. und hrsg. von M. Giebel. Stuttgart: Reclam, 2014. [Universal-Bibliothek. 19261.]

Plutarch: Drei Religionsphilosophische Schriften. Griech./Dt. Hrsg. von H. Görgemanns, unter Mitarbeit von R. Feldmeier und J. Assmann. Düsseldorf/Zürich: Artemis & Winkler, 2003. [»Über den Aberglauben«, »Über die späte Strafe der Gottheit«, »Über Isis und Osiris«.]

Plutarch: Lebe im Verborgenen? – Ist [Epikurs] »Lebe im Verborgenen« eine gute Lebensregel? Text und Übers. mit begleitenden Essays hrsg. von U. Berner u. a. Darmstadt: Wissenschaftliche Buchgesellschaft, 2001.

Plutarch von Chaironeia: Moralphilosophische Schriften. Ausgew., übers. und hrsg. von H.-J. Klauck. Stuttgart: Reclam, 1997.

Zu Plutarch

Aalders, G. J. D.: Plutarch's Political Thought. Amsterdam / Oxford / New York 1982.
Brandt, H.: Wird auch silbern mein Haar. Eine Geschichte des Alters in der Antike. München 2002. [Vgl. bes. S. 195 f.]
– Die Alten in der Demokratie Athens – eine Randgruppe? In: Gymnasium 119 (2012) S. 139–158.
Görgemanns, H. (Hrsg.): Plutarch. In: Die griechische Literatur in Text und Darstellung. Bd. 5: Kaiserzeit. Stuttgart 1988. S. 112–133. [Universal-Bibliothek. 8065.]
Hirsch-Luipold, R.: Plutarchs Denken in Bildern. Tübingen 2002.
Ingenkamp, H. G.: Plutarchs Schriften über die Heilung der Seele. Göttingen 1971. [Hypomnemata. 34.]
Lamberton, R.: Plutarch. New Haven 2002.
Mossman, J. (Hrsg.): Plutarch and his Intellectual World. London 1997.
Pelling, C.: Plutarch and History. London/Swansea 2002.
Russell, D. A.: Plutarch. Bristol [2]2001.
Stadter, P. A.: Plutarch and his Roman Readers. Oxford 2015.
– / L. van der Stockt (Hrsg.): Sage and Emperor. Plutarch, Greek Intellectuals and Roman Power in the Time of Trajan (98–117 n. Chr.). Leuven 2002.
Ziegler, K.: Plutarchos von Chaironeia. Stuttgart 1964. [Nachdruck des RE-Artikels.]

Eine Tabelle mit Plutarchs Werken ist zu finden im *Neuen Pauly*, Bd. 9, Sp. 1167–71.